广西北部湾经济区产业空间结构研究

夏泽义　刘英姿　著

图书在版编目（CIP）数据

广西北部湾经济区产业空间结构研究/夏泽义，刘英姿著. 成都：西南交通大学出版社，2017.12
ISBN 978-7-5643-5964-5

Ⅰ.①广… Ⅱ.①夏…②刘… Ⅲ.①北部湾–经济区–区域产业结构–产业结构调整–研究 Ⅳ.①F269.276.7

中国版本图书馆 CIP 数据核字（2017）第 317430 号

| 广西北部湾经济区产业空间结构研究 | 夏泽义
刘英姿 | 著 | 责任编辑　孟秀芝
助理编辑　王小龙
封面设计　何东琳设计工作室 |

印张	12.75　字数　210千	出版发行	西南交通大学出版社
成品尺寸	170 mm×230 mm	网址	http://www.xnjdcbs.com
版次	2017年12月第1版	地址	四川省成都市二环路北一段111号 西南交通大学创新大厦21楼
印次	2017年12月第1次	邮政编码	610031
印刷	四川煤田地质制图印刷厂	发行部电话	028-87600564　028-87600533
书号	ISBN 978-7-5643-5964-5	定价	49.00元

课件咨询电话：028-87600533
图书如有印装质量问题　本社负责退换
版权所有　盗版必究　举报电话：028-87600562

前 言 Preface

人类一切经济活动都必须落实到一定的地域空间上。区域空间结构是区域经济发展状态的重要标志，反映了一个区域产业的空间分布及组织模式，并通过空间效应作用于区域经济增长。因此，区域产业空间结构研究的重要性日益受到人们的广泛关注。探讨区域产业空间结构的内涵、演化过程、动力机制和空间组织模式，可以更好地指导区域经济实践，促进区域经济持续、稳定健康发展。

本书选取广西北部湾经济区产业空间结构作为研究主题，主要基于以下三方面的经济社会背景：首先，经济全球化促进产业空间联系的改变。经济全球化促使生产要素大规模、高频率运动，导致利益分配不均衡，引发区域竞争与合作。产业间的空间联系不再局限于区域内部，而是向全国乃至全球扩散，促使空间联系格局改变。其次，西部大开发空间格局的不断调整。随着西部大开发的深入和社会对空间布局认识的不断深化，西部大开发空间格局不断调整，早期规划的三大经济带具体落实到成渝经济区、关中—天水经济区和广西北部湾经济区等重点区域。在新的空间格局下，研究广西北部湾经济区的产业空间结构显然具有重大现实意义。再次，中国—东盟"M"型区域合作战略格局的逐步形成。中国—东盟"M"战略的主体部分是南宁—新加坡经济走廊，而广西北部湾经济区正是南宁—新加坡经济走廊的重要组成部分。

本书综合运用区域经济学、空间经济学、城市经济学、产业经济学等学科理论，从区域产业空间结构形成与演化机制出发，以广西北部湾经济区为实证研究对象，采用统计与计量分析手段，对当前广西北部湾经济区产业空间结构的现状及合理化问题进行分析与探讨，并就广西北部湾产业空间结构调整提出相应的对策建议。

本书运用区域经济学、产业经济学、发展经济学、空间经济学、统计学等相关学科的基本原理，从文献与理论研究出发，在吸收前人研究成果的基础上，对以下方面着力进行探索：

（1）在理论上。本书通过探索区域产业空间结构研究的基本理论，根据区位论的研究方法、研究对象等方面的差异和演进顺序，将区位论归纳为古典区位论、近代区位论和现代区位论，同时，结合地理学、经济学等学科知识，对空间的概念进行界定，进而探讨产业空间结构的内涵。根据研究主题，本书从区位理论、区域分工与合作理论、区域产业空间组织理论三个方面奠定本书研究的理论基础。

（2）在研究视角上。本书在借鉴相关研究的基础上，将区域产业空间结构演化机制分为地理客观机制、市场自组织机制和政府调控机制三个方面。地理客观机制包括区域的地理位置、自然禀赋和已有的交通基础设施等客观条件；市场自组织机制包括市场因素影响下的产业集聚、产业扩散、产业结构演变三个方面；政府调控机制则从区域产业政策、财税、金融和法律等调控手段分析政府调控对区域产业空间结构演化的影响。这三个方面既包涵了影响产业空间结构演化的客观因素，也涵盖了影响产业空间结构演化的人为因素。

（3）在实证研究上。本书对广西北部湾产业空间结构现状及其合理化进行了分析，认为广西北部湾产业空间结构基本与资源环境相适应，产业园区也初具规模，空间集聚正逐步形成，但港口定位不明确，城市体系不合理，无序竞争严重。在产业空间结构调整的对策和建议上，本书根据广西北部湾的实际情况，提出应重点发展石化、钢铁、现代物流、高新技术等产业，着力打造"三基地一中心"（物流基地、商贸基地、加工制造业基地和信息交流中心），并依据"点-轴"发展模式，提出由三条经济带组成的"N"型空间发展格局。

夏泽义
2017 年 12 月

目 录 Contents

1 绪 论······001
  1.1 选题背景······001
    1.1.1 经济全球化背景下产业空间联系的新趋势······001
    1.1.2 西部开发空间格局的不断调整······002
    1.1.3 中国—东盟"M"型区域合作战略格局的逐步形成······004
  1.2 研究目的和意义······006
    1.2.1 研究目的······006
    1.2.2 研究意义······007
  1.3 国内外相关研究综述······009
    1.3.1 国外相关研究······009
    1.3.2 国内相关研究······014
  1.4 研究方法与研究内容······019
    1.4.1 研究方法······019
    1.4.2 研究内容······020
  1.5 本书可能的创新点与不足······023
    1.5.1 本书可能的创新点······023
    1.5.2 不足之处······024

2 产业空间结构的理论基础······026
  2.1 空间、空间结构、产业空间结构的概念界定······026
    2.1.1 空间······026
    2.1.2 空间结构······027
    2.1.3 产业空间结构······028
  2.2 区位理论及其演进······029
    2.2.1 古典区位论······030

        2.2.2 近代区位论 ·· 034
        2.2.3 现代区位论 ·· 038
        2.2.4 简要评述 ·· 041
    2.3 区域分工理论 ·· 042
        2.3.1 绝对优势理论 ·· 042
        2.3.2 比较优势理论 ·· 043
        2.3.3 要素禀赋理论 ·· 044
        2.3.4 新贸易理论 ·· 045
        2.3.5 简要评述 ·· 046
    2.4 区域产业空间组织理论 ·· 047
        2.4.1 梯度推移理论 ·· 047
        2.4.2 增长极理论 ·· 049
        2.4.3 点-轴系统理论 ··· 051
        2.4.4 核心-边缘理论 ··· 053
        2.4.5 产业集群理论 ·· 054
        2.4.6 简要评述 ·· 056
3 区域产业空间结构的形成与演化机制 ·· 058
    3.1 机制的概念辨析及其架构 ·· 058
        3.1.1 机制的定义与内涵 ··· 058
        3.1.2 产业空间结构形成与演化机制架构 ···································· 059
    3.2 地理客观机制之区位自然禀赋机制 ·· 060
        3.2.1 区位的含义 ·· 060
        3.2.2 自然禀赋机制 ·· 062
    3.3 地理客观机制之基础设施机制 ·· 063
        3.3.1 交通运输网络基础设施机制 ·· 064
        3.3.2 信息网络基础设施机制 ·· 065
    3.4 市场自组织机制之集聚与扩散机制 ·· 066
        3.4.1 集聚的内涵与动力 ··· 067
        3.4.2 扩散的内涵与动力 ··· 068

  3.4.3 集聚与扩散的空间表现及其影响 …………………………069
  3.4.4 集聚与扩散的阶段性特征 …………………………………072
 3.5 市场自组织机制之产业结构演变驱动机制 ………………………073
  3.5.1 产业结构演变规律 …………………………………………073
  3.5.2 产业结构演变原因 …………………………………………075
  3.5.3 产业结构演变促进产业空间结构形成与演化 ……………077
 3.6 政府调控机制 ………………………………………………………078
  3.6.1 政府调控区域产业结构的必要性 …………………………078
  3.6.2 产业结构调整中的政府定位 ………………………………079
  3.6.3 政府调控产业空间结构的手段 ……………………………080

4 广西北部湾的范围及地理概况 …………………………………………083
 4.1 广西北部湾的范围界定及城市地理概况 …………………………083
  4.1.1 范围界定 ……………………………………………………083
  4.1.2 各城市地理概况 ……………………………………………084
  4.1.3 战略地位 ……………………………………………………087
 4.2 广西北部湾的交通概况 ……………………………………………089
  4.2.1 铁路 …………………………………………………………089
  4.2.2 公路 …………………………………………………………091
  4.2.3 航空 …………………………………………………………092
  4.2.4 海运 …………………………………………………………093
 4.3 广西北部湾的自然资源概况 ………………………………………094
  4.3.1 气候、水资源 ………………………………………………094
  4.3.2 矿产、能源资源 ……………………………………………094
  4.3.3 海岸线、港口资源 …………………………………………095
  4.3.4 旅游、生物资源 ……………………………………………096

5 广西北部湾产业空间结构现状分析 ……………………………………098
 5.1 广西北部湾产业空间结构总体状况 ………………………………098
  5.1.1 经济发展现状 ………………………………………………098
  5.1.2 经济发展差距 ………………………………………………101

5.1.3 人口密度与经济密度 ·········· 103
5.2 广西北部湾产业发展的空间特征 ·········· 105
  5.2.1 产值结构空间特征 ·········· 105
  5.2.2 就业结构空间特征 ·········· 107
  5.2.3 产业结构相似性特征 ·········· 109
  5.2.4 重大产业的空间分布 ·········· 110
5.3 广西北部湾城市空间结构分析 ·········· 113
  5.3.1 城市产值及等级规模分析 ·········· 113
  5.3.2 城市之间相对作用强度分析 ·········· 115
  5.3.3 空间相关性分析 ·········· 117
5.4 广西北部湾产业结构对经济增长影响的空间差异——基于偏离-份额分析法 ·········· 119
  5.4.1 基本原理 ·········· 120
  5.4.2 分析模型 ·········· 120
  5.4.3 实证分析 ·········· 122
  5.4.4 实证结论 ·········· 127
5.5 广西北部湾产业空间结构存在的问题 ·········· 127

6 广西北部湾产业空间结构的形成与演化机制 ·········· 134
6.1 区位、资源禀赋与广西北部湾产业空间结构的形成与演化 ·········· 134
  6.1.1 区位特点与广西北部湾产业空间结构的形成与演化 ·········· 134
  6.1.2 资源禀赋与广西北部湾产业空间结构的形成与演化 ·········· 136
6.2 产业集聚与广西北部湾产业空间结构的形成与演化 ·········· 141
  6.2.1 产业集聚机制分析 ·········· 141
  6.2.2 产业园区化趋势 ·········· 142
  6.2.3 广西北部湾产业集聚状况分析 ·········· 143
6.3 产业升级与广西北部湾产业空间结构的形成与演化 ·········· 144
  6.3.1 产业升级与产业空间结构演化的内在联系 ·········· 144
  6.3.2 产业转移：东部产业升级的理性选择 ·········· 146
  6.3.3 产业承接：广西北部湾具备天时地利优势 ·········· 146

6.3.4 广西北部湾产业承接与产业空间结构形成与演化 ……… 147
6.4 交通、信息网络与广西北部湾产业空间结构的形成与演化 …… 148
6.4.1 交通网络与产业空间结构 ……………………………… 148
6.4.2 信息网络与产业空间结构 ……………………………… 148
6.5 政府调控与广西北部湾产业空间结构的形成与演化 ………… 148
6.5.1 西部大开发空间格局调整与广西北部湾产业空间结构的形成与演化 ……………………………………………… 148
6.5.2 各地政府的联动与合作策略 …………………………… 148
6.5.3 中国—东盟"M"型战略与广西北部湾产业空间结构的形成与演化 …………………………………………… 148

7 广西北部湾产业空间结构的 合理化分析 ……………………… 148
7.1 产业空间结构合理化的内涵 …………………………………… 148
7.1.1 产业结构合理化的内涵 ………………………………… 148
7.1.2 空间结构合理化的内涵 ………………………………… 148
7.2 区域产业空间结构合理化的判断依据 ………………………… 148
7.2.1 资源禀赋依据 …………………………………………… 148
7.2.2 劳动力、技术依据 ……………………………………… 148
7.2.3 地域分工依据 …………………………………………… 148
7.2.4 产业结构协调性依据 …………………………………… 148
7.2.5 可持续发展依据 ………………………………………… 148
7.3 广西北部湾产业空间结构合理化判断 ………………………… 148
7.3.1 与资源环境基本相适应 ………………………………… 148
7.3.2 与劳动地域分工的基础条件相适应 …………………… 148
7.3.3 产业园区初具规模,空间集聚逐步形成 ……………… 148
7.3.4 产业体系与主导产业具有相对优势 …………………… 148
7.3.5 人力资源与产业发展错位 ……………………………… 148
7.3.6 港口定位不明确,城市间无序竞争严重 ……………… 148
7.3.7 城市规模差别明显,城市体系不合理 ………………… 148

8 广西北部湾产业空间结构调整 ································ 148
8.1 广西北部湾产业发展定位、目标与思路 ······················ 148
8.1.1 发展定位 ·· 148
8.1.2 发展目标 ·· 148
8.1.3 发展思路 ·· 148
8.2 广西北部湾产业发展重点 ·· 148
8.2.1 石化、钢铁产业 ·· 148
8.2.2 轻工食品、现代物流业 ·· 148
8.2.3 海洋产业 ·· 148
8.2.4 高新技术产业 ··· 148
8.3 广西北部湾产业空间发展模式选择 ······························· 148
8.3.1 点-轴发展模式 ·· 148
8.3.2 城市整合发展模式 ·· 148
8.3.3 区域联动发展模式 ·· 148
8.4 广西北部湾经济区产业布局与城市建设 ······················· 148
8.4.1 十大产业集群布局 ·· 148
8.4.2 三大港口产业布局 ·· 148
8.4.3 以产业为支撑的城市体系建设 ································ 148
8.5 广西北部湾产业空间结构调整措施 ······························· 148

9 主要研究结论与展望 ·· 148
9.1 主要研究结论 ··· 148
9.2 后续研究展望 ··· 148

参考文献 ··· 148

1 绪 论

1.1 选题背景

1.1.1 经济全球化背景下产业空间联系的新趋势

经济全球化（Economic Globalization）一词最早由特·莱维（Trevi）于1985年提出，并于上世纪90年代得到认可[1]。对经济全球化的定义，目前国际社会仍没有一个公认的定义，不同的视角形成不同的观点。国际货币基金组织于1997年5月发表的一份报告中对经济全球化的定义是：经济全球化是指跨国商品与服务贸易及资本流动规模和形式的增加，以及技术的广泛迅速传播使世界各国经济的相互依赖性增强。经济合作与发展组织（OECD）对经济全球化的定义是：经济全球化可以被看作是一种过程，在这一过程中，经济市场、技术与通信形式都越来越具有全球性的特征，民族性或地方性特征减少。综合不同的观点，本书认为：经济全球化是指以先进科技和生产力为手段，资本、信息、技术、劳动力、资源在全球范围内进行流动、配置、重组，世界经济活动超越国界，在全球范围内形成相互依存、相互联系的有机整体，实现生产要素在全球范围内优化组合和资源的优化配置，从而促进各国和全球经济的共同发展。经济全球化的载体主要有贸易自由化、生产跨国化、金融全球化和科技全球化四个方面[2]。

经济全球化对全球产业结构及其空间布局的影响是显著的。一方面它促进了产业结构的升级换代[14]，世界产业结构的大调整、大变动正是由经济全球化演变而生；另一方面经济全球化也催生了产业空间联系的改变，使空间联系不再局限于区域内部，而是向全国乃至全球范围扩散。交通运输和通信技术的进步是经济全球化的前提条件，它使传统的空间和距离对经济、社会、文化的地域限制变得越来越弱。因此，一些学者宣称经济全球化宣告了"地理的结束"和"距离的死亡"[3]。在经济全球化大环境中，经济要素通过跨越国界，在全球范围内寻求发展空间，实现最优配置。企业在全球范围内组织生产流程，所有经济活动都可能纳入全球生产网络之中。该网络由经济活动集聚的节点和连接节点的通信、交通运输网络等基础设施构成，每一个节点由中心城市及其经济腹地构成。中心城市都是相互交织的产业集中地，并伴随着综合性的地方劳动力市场和金融市场。电子通信、交通运输通道构成了网络联系的经纬。

在经济全球化背景下，对每一区域的经济发展来说，既享有全球化带来的机遇，也时刻面临全球其他地区的威胁和挑战。现代通信和交通技术的进步加强了全球各区域之间的联系，使要素与产品之间的流动更方便、可靠。这有可能强化某些区域的区位优势，增强其经济竞争力，使之成为经济贸易的集中地；也有可能凸显了某些区域的区位或制度劣势，使之成为经济活动的"死角"[4]。因此，因其地方经济基础、市场发育程度和制度环境的差异，不同地区在全球经济分工中担当不同角色，享受不同的利益分配。这必然引发不同区域之间的竞争和合作，加剧区域经济空间结构的变化，使全球经济活动在空间分布上表现出不均衡性。作为西部地区唯一的沿海区域，广西北部湾地区是沟通中国和东盟的重要桥梁，在经济全球化与区域经济一体化背景下要想获得跨越式发展，就必须尽快融入全球生产体系，参与国际分工，整合经济资源，使技术、资本、劳动力等生产要素在区域空间内合理分配，优化组合。正是基于这样的背景，本书选择了广西北部湾产业空间结构作为研究主题。

1.1.2 西部开发空间格局的不断调整

具有全局意义的中国西部大开发战略自 1999 年提出近二十年来，国家针对西部大开发建设的实际情况，及时调整战略规划，在不同时期提出不同的开发重点，形成不同的开发格局。

在西部大开发初期，国家提出实施以点串线、以点带面的战略方针，重点促进西陇海兰新经济带、长江上游经济带、南（宁）贵（阳）昆（明）

经济区的发展，形成"一个轴心、南北两翼"的区域开发格局。

"一个轴心"是指成都—重庆轴心，即成渝经济区。其区域范围包括四川的成都、绵阳、德阳、眉山、乐山、资阳、内江、自贡、宜宾、泸州、遂宁、南充、广安、达州14个地级市，重庆的渝中、大渡、江北、沙坪坝、九龙坡、南岸、北碚、渝北、巴南、万盛、双桥、涪陵、长寿13个区，綦江、潼南、铜梁、大足、荣昌、壁山6个县和江津、合川、永川、南川4个县级市，总面积约为17万平方千米，占西南地区总面积的6.6%。成渝经济区是西部乃至全国少见的集中连片经济区，除在西部相对集中外，成渝经济区内部还有更为集中的成都平原城市群、重庆组团城市群和川南城市群，城市集中，经济发达。就经济总量、城市群规模、人口规模、积聚程度、综合实力等方面来讲，成渝经济区无疑将担当西部发展的轴心大任。

"南北两翼"包括南翼的南贵昆经济区和北翼的西安—兰州经济带。南翼的南贵昆经济区，是指南宁—贵阳（黔桂线）、贵阳—昆明（贵昆线）和南宁—昆明（南昆线）构成的区域，泛指广西、贵州、云南三省区以南、贵、昆为中心的大三角地带。南贵昆经济区地处东亚、东南亚、南亚"三亚"的结合部，是我国西部地区出海入洋和沿边开放的重要通道，战略位置十分重要，无疑将成为西部南翼的发展核心。南贵昆经济区区内资源丰富，且具有对外开放的区位优势。其中，广西拥有西部唯一的出海大通道；云南则面向东南亚和南亚，拥有建成跨国陆上通道的条件，是中国南疆地区对外的重要门户。南贵昆经济区所在的广西、贵州、云南三省区，总面积80.61万平方千米。北翼的西安—兰州经济带，包括陕西、甘肃两省的西安、渭南、咸阳、宝鸡、兰州、天水、金昌、张掖等城市。该经济带两端有两大集中经济区：以西安为龙头的陕西关中经济区以及以兰州为龙头的河西走廊经济区。陕西关中经济区是指以西安为中心，以陇海铁路和310国道线为一线，包括西安、铜川、宝鸡、咸阳、渭南、韩城、华阴、兴平等关中八个城市在内的区域，总人口2500万，城镇人口1500万；河西走廊经济区则包含武威、金昌、张掖、酒泉、嘉峪关、兰州6个市的22个县区，总面积约28.5万平方千米。西安—兰州经济带虽在经济总量上远不及成渝经济区，但在西北仍是首屈一指，理应成为西部北翼的发展核心。

随着西部大开发的不断深入以及社会对空间布局认识的不断深化，西部大开发的空间格局也在不断调整。当前，国家将上述三大经济带（区）的发展，具体落实到成渝经济区、关中—天水经济区、广西北部湾经济区等重点区域的发展，使之成为带动和支撑西部大开发的战略高地。成渝经济区主要依托成都和重庆两个特大城市，重点发展重大装备制造、高新技术、水利水电、特色农副产品生产加工、天然气化工、特色旅游等产业，加快建设长江上游生态屏障。关中—天水经济区主要依托西安、咸阳、宝鸡、天水等城市，重点发展高新技术、装备制造工业、航空航天工业、现代农业和特色旅游等产业，加快建设西（安）咸（阳）经济一体化示范区。广西北部湾经济区主要依托南宁、北海、钦州和防城港4城市，加上玉林和崇左，即"4+2"城市群，重点发展临港产业，集聚发展大型炼油、石化和林浆纸一体化工业基地，探索建立泛北部湾次区域经济合作机制。

2006年通过的《全国沿海港口布局规划》将我国沿海港口划分为环渤海、长江三角洲、东南沿海、珠江三角洲和西南沿海5个港口群体，其中西南沿海港口群由粤西、广西沿海和海南省的港口组成。广西北部湾经济区就是依托广西沿海港口群发展起来的国家级经济合作区。2008年1月，国务院正是批准《广西北部湾经济区发展规划》，明确赋予其"重要国际区域经济合作区"的定位，要求把广西建设成中国—东盟合作的新高地。这标志着"广西北部湾经济区开放开发"上升为国家战略，是国家深入实施西部大开发战略，完善区域经济布局，促进全区域协调发展和开放合作的重大举措。

1.1.3 中国—东盟"M"型区域合作战略格局的逐步形成

21世纪以来，随着经济全球化的迅速发展和区域一体化的不断加深，中国与东盟战略伙伴关系日益密切。与此同时，我国对外开放的整体战略也出现了一些新的变化。中国—东盟"一轴两翼"的"M"型战略格局，正是在总体把握我国对外开放的新态势和充分认识我国对外开放战略新变化的基础上，结合广西的实际情况所提出的新的战略蓝图。它不仅仅是广西对外开放的新战略，也将成为我国对外开放战略的重要组成部分。

需要说明的是，构成中国—东盟"M"型战略的"一轴两翼"格局与前面所提到的"一个轴心，南北两翼"的西部大开发格局是两个完全不同的概念。这里"M"型战略的"一轴两翼"格局指由南宁—新加坡经济走廊形成的一个中轴加上西翼的大湄公河次区域以及东翼的泛北部湾经济区①所组成的区域，其状形如大写的英文字母"M"，因此得名。"M"战略框架包含了三个重要组成部分：（1）南宁—新加坡经济走廊，这是"M"型战略的主轴，也是"M"型战略的主体部分，是中国—东盟自由贸易区合作的"主战场"。通过公路和铁路网络建设，打通连接中国与中南半岛的陆路主通道，促进中国泛珠地区与中南半岛国家陆路通道建设和通道经济发展，重点建设和完善南宁—河内—金边—曼谷—吉隆坡—新加坡的铁路和高等级公路网络，以沿线重点城市和跨境合作为依托，吸引产业、物流、专业市场的集聚，以点带面，发展通道经济，逐步形成贯通中南半岛的南宁至新加坡的经济走廊。（2）大湄公河次区域合作区。大湄公河次区域合作涉及包括中国、缅甸、老挝、泰国、柬埔寨和越南在内的6个国家，合作的范围涉及交通、通信、能源、旅游、环境、人力资源开发、贸易、投资和禁毒等八大领域，旨在加强各国之间的经济联系，通过富裕地区和贫困地区之间的合作与互动，实现共同发展。大湄公河次区域合作将以次区域"三纵两横"交通通道建设为基础，把大湄公河经济走廊建设成为集产业、商贸、基础设施为一体的"三纵两横"经济带。大湄公河次区域合作已经成为中国—东盟次区域合作的一个典范，但它仍然是单一的、局限于陆地和流域的经济合作。"M"型战略从海域经济合作的角度对中国和东盟合作内容和层次进行了丰富和完善，有利于中国更多省份，特别是中国东部发达地区的企业更快更方便地进入这一区域开展对外投资、产业合作、农业开

---

① 与北部湾相关的概念有环北部湾和泛北部湾两个：环北部湾是指围绕北部湾海域的中国广东省雷州半岛、海南省西部、广西南部沿海和越南的北部沿海地区，即通常所说的"两国四方"；泛北部湾又简称北部湾，是环北部湾经济合作的延伸，是以中国和越南为主，同时包括马来西亚、新加坡、印度尼西亚、菲律宾和文莱等东盟国家所组成的区域。本书研究的广西北部湾经济区是两个区域中的广西部分。

发、工程承包等业务，使中国与湄公河流域东盟国家之间的经济合作更加紧密和广泛。（3）泛北部湾经济合作区。泛北部湾经济合作区是将中国与越南的环北部湾经济合作区延伸到新加坡、印度尼西亚、菲律宾和文莱等因此邻北部湾的东盟国家，是中国与东盟之间一个新的次区域合作区。泛北部湾经济合作的内容有建设交通、环保、信息等基础设施，加强港口平台合作，促进海洋工业与海洋产业的发展；也有加强物流、商贸、金融、文化、旅游等方面的合作，通过产业对接，促进商贸与投资，形成一批互利共赢、各具特色的产业群、港口群、城市群，成为太平洋西岸的新增长带。

"M"型战略的提出同时涵盖了国内区域合作与国际区域合作，在合作内容上有海上经济合作（Marine Economic Co-operation），即泛北部湾经济合作区；有陆上经济合作（Mainland Economic Co-operation），即南宁—新加坡经济走廊；还有流域合作（MEKONG Sub-region Co-operation），即大湄公河次区域合作。由于其合作内容的第一个英文字母均为"M"，所以从合作内容上讲，也称之为"M"型区域合作战略。

"M"型战略既有战略的高度，又有丰富的内涵；既把握了国家战略的走向，又抓住了广西开放开发的关键。"M"型战略把广西的开放开发与国家战略利益紧密结合，体现了广西开放开发与国家战略利益的内在联系，从而为广西的发展拓展了空间，为广西北部湾经济区的发展纳入国家总体战略和规划奠定了基础。基于此，对广西北部湾经济区的产业空间结构进行深入研究，实现区域内资源共享，促进投资和产梯度转移，形成合理分工，创造新的经济增长点，提升区域整体竞争力，变得日趋迫切。

正是基于这样的国内国际背景，本书将"广西北部湾经济区产业空间结构"作为自己的研究内容。

1.2 研究目的和意义

1.2.1 研究目的

区域的产业结构与空间结构是区域经济结构的基本内容。随着现代经济的不断发展，区域的产业结构与空间布局正向着彼此融合、更加密切的方向发展。区域的产业结构与空间布局是否匹配，决定了资源的配置效率的高低和区域间发展的协调程度的强度。若一个区域的产业结构与其空间布局相适应，则能充分发挥各地区的优势，提高资源的利用效率，从而降低生产成本，提高经济效率，促进各区域之间协调发展。本书之所以选取产业空间结构作为研究主题，就是拟从产业结构调整的空间运动（即产业空间布局过程）入手，在经济全球化以及推进中国—东盟区域合作的经济社会背景下，深入分析产业空间重组的作用机理和内在动力，同时运用产业空间结构演变的相关理论对广西北部湾经济区的产业空间结构进行系统研究。按照规模化生产对产业专业化分工与协作的要求，以及经济转型条件下实现经济社会可持续发展的需要，本书从区域战略的高度对产业空间分布进行统筹谋划，预期在广西北部湾经济区内形成分工明确、布局合理、协调可持续发展的产业空间格局，以提高广西北部湾经济区的综合实力和整体竞争力，实现经济区经济社会跨越式发展。

1.2.2 研究意义

1. 理论意义

区域产业空间结构是生产要素聚集、产业发展在空间上的综合投影。区域内明确的产业分工与合理的产业布局，全球范围内形成社会化专业分工与协作的空间格局，实现其经济持续、稳定、健康发展，既是现代区域经济学研究的重要内容，也是全球化背景下产业空间结构优化重组的内在要求。在以往的实践规划中，由于对产业空间结构的相关理论和规律研究不足，对经济增长的空间结构因素认识不够，我们经常忽视对区域经济空间结构理论的关注，导致区域产业空间结构的调整和重组缺乏足够的理论依据来指导。因此，探讨区域产业空间结构的内涵、演化过程、动力机制等理论问题具有重大的学术价值。本书对区域产业空间结构的重组优化的理论基础以及演化的动力机制等理论问题进行了系统分析与探索，有利于充实区域产业空间结构研究的理论内容以及空间经济学、城市经济学和区域经济学的基础理论体系，对类似的研究课题有理论上的借鉴作用。

2. 实践意义

人类的一切经济活动都必须落实到一定的地域空间上。人类社会经济发展不仅是时间问题，也是空间问题。本书对广西北部湾经济区产业空间结构的研究对该区域社会经济发展具有重要的实践意义。

（1）有助于加深对广西北部湾经济区的区位优势和产业空间结构的认识。广西北部湾经济区地处华南经济圈、西南经济圈和东盟经济圈的结合部，是我国西部大开发地区唯一的沿海区域，也是我国与东盟国家连接区域中既有海上通道又有陆地接壤的区域，区位优势明显。本书在对广西北部湾经济区的资源特点、区位优势、经济地位、产业结构及其空间分布作出分析的基础上，对广西北部湾经济区的区域经济差异、综合水平差异、产业布局特点及存在的问题作出总体分析与判断，从而加强对广西北部湾经济区区位优势和产业空间结构的认识。

（2）有助于广西北部湾经济区的产业结构升级与空间结构重组，促进广西乃至西南地区社会经济发展。加快推进广西北部湾经济区开放开发，有利于推动广西经济社会全面发展，从整体上带动和提升民族地区经济发展水平；有利于深入实施西部大开发战略，完善广西北部湾地区西南出海大通道的功能，促进西南地区对外开放和经济发展，形成带动和支撑西部大开发的战略高地；有利于完善我国沿海沿边经济布局，促进东中西部协调发展，为国家经济社会发展注入新的强大动力。

（3）有助于提高广西北部湾地区的综合竞争力。本书通过偏离-份额分析、统计分析等定量分析方法，从量化角度分析测度北部湾经济区产业结构对经济增长的影响，找出该区域产业结构存在的问题及今后调整的方向，从而增强产业空间分析的客观性和可信度，为相关决策提供依据。同时，本书运用点-轴布局理论和增长极理论等产业布局理论，指导北部湾经济区产业空间布局与空间结构重组，促进北部湾经济区产业结构升级与空间结构合理化，从而增强北部湾经济区的综合竞争力。

1.3 国内外相关研究综述

空间相互配合是人类经济行为的产物。依据经济原则，经济活动与其空间之间有着密切的有机关系，二者是不可分割、相互融合的，它们之间必定存在着某种秩序，经济学家把这种空间秩序称之为空间结构[16]。区域产业空间结构是空间经济学、城市经济学、经济地理学研究的内容之一，有关区域产业空间结构研究的成果十分丰富，从最早的区位理论，到后来的区域科学，再到经济地理学、空间经济学和新经济地理学等，都包含了大量区域产业空间结构研究的内容。本节根据区域产业空间结构的相关研究进展，从国外与国内两个方面来回顾区域产业空间结构的研究成果。

1.3.1 国外相关研究

国外关于产业空间结构的研究成果十分丰富，大致可以分为以下几个阶段：

1. 产业空间结构理论的萌芽——古典区位论

德国经济学家以及有关学者以严密的逻辑推理，运用图解和数学推导方法，创立了古典区位理论，为区域空间结构理论的研究奠定了基础，开创了空间结构分析的先河。以杜能（J. H. von Thunnen，1826）的农业区位论、韦伯（Weber，1909）的工业区位论、克里斯塔勒（Christaller，1933）的中心地理论为代表的古典区位论可以被看作是产业空间结构理论研究的早期框架。

杜能于1826年出版有关农业区位论的理论成果《孤立国同农业和国民经济的关系》一书[5]，创立农业区位论，试图用科学的区位理论解释空间活动规律。杜能从运输费用、级差地租、产品价格等角度论证了"孤立国"内部结构差异的存在以及形成原因，认为距离中心城市的远近所产生的运输费用是农业布局的关键。杜能首次关注到农业经济活动会在"自觉"的引导下发生空间分异。根据不同的农产品生产方式、市场价格以及其距离中心城市的远近，农产品的生产布局会呈现出"杜能圈"状的同心圆分布。杜能的农业区位论开创了研究空间与经济发展的关系的先河。

韦伯是工业区位论的创立者，其基本思想是在影响工业区位的诸因素中，如果能把成本降低到最低限度，那么这就是工业选址的最优区位。在工业区位论中，韦伯具体分析了原料燃料运输费用、劳动费用和企业聚集因素对工业企业空间区位选择的影响，通过对运输费用、劳动费用和集聚因素相互作用的分析和计算，找出工业产品生产的成本最低点，作为工业企业选址的理想区位，从微观上揭示了经济活动分布的基本规律。在今天看来，韦伯的工业区位论涉及区域产业空间结构的核心问题之一——集聚与扩散，在一定程度上揭示了经济活动的基本规律以及经济空间结构形成与演变的机理。

克里斯塔勒通过对德国南部中心地的考察，提出了在市场原则、交通原则、行政原则下的中心地系统空间模型。中心地系统空间模型认为：区域有中心，中心有竞争，中心地与市场区相对应。同时，该模型论证了城市居民点及其地域体系的相互依存关系，深刻揭示了城市中心地发展的区域的基础等级和规模的空间关系，将区域内城市的合理规模形象地概括为正六边形模型。与克氏的中心地理论可以相提并论的是廖什（A. Losch，1940）的市场区位论，他的代表作是1940年出版的《经济空间秩序》一书。廖什从利润最大化原则出发，研究城市空间经济活动及其结构，引入利润最大化原则和空间经济思想，把工业企业生产区位和市场范围结合起来，提出生产者的目标是谋求利润最大化，而不是成本最低。从实际运用来看，廖什模式比克氏模式更有先进之处，其先进之处就在于他设计了一套有关因素变动分析的动态区位模式。廖什提出的正六边形市场网络体系比克氏的体系更为全面，其原因是克氏模型中只有3种特殊情况（K取值为3、4、7，分别对应于市场原则体系、交通原则体系和行政管理原则体系），而廖什可以适用于任何情况（K可以取任意值），因此廖什模式具有更大的灵活性、实用性，更接近于现实情况。

2. 产业空间结构理论的拓展——区域空间结构理论

上述各种区位理论所追求的目标虽然各不相同，但它们的假设前提、研究方法、表达形式却基本一致。它们都是假设一个"均质区"，运用几何图解、数学推导以及模型归纳检验进行静态分析，把运输成本作为影响经济活动的主要因素，忽略规模经济递增因素的影响，从微观角度寻求企业降本谋利的最优区位。1930年，自由资本主义的经济危机使古典区位论受到严峻挑战，同时也促进了对空间经济结构的研究从区位论向区域空间结构理论的转变。

20世纪50年代至70年代是古典区位论向区域空间结构理论转变和发展的重要阶段。网络和扩散理论、社会物理学派的思想和方法，空间相互作用模式以及各种规划模式的应用促使区域空间结构理论快速发展。在这一阶段，研究对象从微观的单个厂商的区位决策发展到宏观的地区总体经济结构的优化，从抽象的纯理论模型推导转变为构造更接近区域实际、更具实用性的区域模型，从总体出发寻求各种经济主体在空间中的最优组合与相对位置，属于动态的总体区位论[7]。在这一时期，出现了大量的研究成果，如原联邦德国学者奥托伦巴（E. Otrezba）的"农业经济结构空间统一体"理论、博芬特尔（E. V. Boventer）的"空间结构阶段论"、美国学者达恩的"经济区位阶段论"、艾萨德（Isard，1960）的"空间系统"理论等。奥托伦巴认为经济形态和经营形态投影于地球表面，必然产生一定的农业经济结构的空间统一体，并指出这种空间统一体是地理学的研究对象。达恩将全部区位问题分为企业阶段、产业阶段以及社会经济总阶段，把"杜能圈"的原理进一步深化，通过把地租概念引入到空间结构模型，提出土地经营的纯收益是空间结构形成演变的主要动力[8]。博芬特尔对空间结构做出了系统的理论分析和模型推导，力图将韦伯、杜能、廖什的区位论综合起来，认为区位论不仅要深入考察生产和货物，还应综合考虑居住地、就业场所、流动性生产因素的分布规律。他将区位论与现代西方发展理论相结合，分析论证了社会经济各个阶段空间结构的一般特征，同时详细分析了决定空间结构及其差异的重要因素（集聚、运费及经济）对当地生产要素——土地的依赖性[9]，并从土地利用和集聚规模的角度论证了工农业的企业规模和城镇等级规模。艾萨德在他的《区域科学导论》(1957)、《工业综合体分析与区域经济发展》(1959)等著作中主张将"空间系统"作为区域经济的研究对象[10]，根据区域经济和社会综合发展要求，把研究重点由部门的区位决策转向区域综合分析，建立由生产企业、商业流通、运输、社会政策、环境生态等部分组成的区域空间结构模型，采用计量经济学方法进行区域综合分析，把古典区位论动态化、综合化[11]。

区域结构理论的另一个重要研究成果是佩鲁、赫希曼、弗里德曼等人开始研究区域间的相互作用，不再只是局限于探讨区域内部的结构问题。这一时期的主要理论有佩鲁（F. Perroux，1950）的"增长极"理论、赫希曼（A. O. Hichman，1958）的"极化—涓滴"理论、弗里德曼（J. Friedmann，1966）的"核心—边缘"理论等，这里主要介绍"增长极"理论和"核心—边缘"理论。佩鲁的"增长极"理论认为，从地理空间上看，增长并非同时出现在所有地方，且不同地区的增长是以不同的速度进行的。某些创新能力强的行业，其增长速度超过地区经济增长的平均速度，这些行业在空间产生集聚，通过不同的渠道向外扩散，对邻近地区产生强大的辐射作用，最终对整个地区经济产生不同的影响[12]。这种生产中心、交易中心、金融中心、信息中心等经济中心被称为经济的"增长极"。弗里德曼的"核心—边缘"理论认为，任何区域的空间系统都可以看作是由核心和外围两个空间子系统组成，二者共同构成一个完整的二元空间结构。中心区发展条件优越，经济效益较高，处于支配地位；而外围区发展条件较差，经济效益较低，处于被支配地位。在经济发展初期，二元结构明显，表现为单核结构；随着经济进入起飞阶段，单核结构逐渐向多核结构转变；当经济进入持续增长阶段，通过政府干预，中心和外围界线逐渐消失，经济在全国范围逐渐实现一体化。因此，不同的区域发展阶段有不同的经济空间结构相对应，随着经济的发展，区域的空间结构不断调整[13]。

通过比较区位理论和区域空间结构理论可以发现，后者较前者已经有了很大变化，具体主要表现为：①研究对象的改变：区位理论的研究对象主要是微观企业依据成本最小化或利润最大化原则的选址问题，而区域空间结构理论的研究对象是宏观的地区总体经济结构的优化以及空间之间的相互作用问题。② 研究视角的改变：区位理论以静态的研究视角来研究区位的最优化决策，而区域空间结构理论从静态转向动态，研究区域发展的不同阶段的空间结构问题，将经济发展水平和空间结构的动态变化相结合。③ 研究方法的改变：区位理论往往采用抽象概括、逻辑演绎等方法，而区域空间结构理论则以系统科学的相关理论为基础，运用计量模型、数学推导等手段，对一个国家或地区的经济空间结构进行分析，并在实践中给予优化建议。

3. 产业空间结构理论的提升——新经济地理学

20世纪80年代以来，西方社会科学进入到一个相互交叉与互动的新时期，各学科在理论互动中对区域与空间产生了浓厚兴趣。特别是20世纪90年代以来，经济地理学与经济学研究领域的交叉互动尤为明显，以克鲁格曼（P. Krugman）、波特（M. Porter）等为代表的经济学家重新审视了空间因素，以全新的视角把以空间经济现象作为研究对象的区域经济学、城市经济学等传统经济学统一起来，分析经济活动的集聚和空间过程，构建了"新经济地理学"，使产业空间结构理论的研究进入提升阶段。

新经济地理学研究的内容有地理学中的区位理论、贸易理论以及区域收敛与发散理论。在区位理论的研究中，格斯贝茨与施姆兹勒（Gersbach &Schmutzler, 1999）通过建立模型，探讨了存在外部和内部效应的条件下生产与产品创新在地理上是如何分布的，并讨论了这两种效应对产业集聚的影响，认为递减的联系成本将促进产业集聚的形成。瓦尔兹（Walz, 1966）认为，产业的地理集中因技术等要素的溢出效应带来生产率的持续增长，而区域经济一体化会加速生产与产品创新的区域集中[15]。马丁（Martin. R）通过模型研究了集聚经济条件下序列区位竞争的结果，认为存在集聚经济时，在区位竞争中首先获胜的企业对后面的企业具有引力作用，尽管后来的企业在财政补贴上可能比第一个少，但却能从集聚产生的外部经济中获益，从而形成一种区域环境。因此，吸引最初的投资所获得的长期效果可能超出其直接的经济效果。在贸易理论的研究中，新经济地理学将距离因素以运输成本的方式纳入到整个理论体系之中,改变了传统贸易理论不考虑运输成本的情况。沃纳伯尔斯(Venables)与李冒(Limao)将运输成本纳入李嘉图与赫克歇尔-俄林的模型中研究发现,要素禀赋并不是决定贸易方式和生产方式的唯一条件,还与国家或地区的位置有关,尤其是与经济中心的距离及运输成本有关。伊顿(Eaton)与考图姆(Kortum)将地理因素和技术因素同时纳入贸易模型,研究贸易利益、技术与区位决定专业化模式等问题,认为贸易使各国受益。在区域收敛与发散理论的研究中,罗默认为,索罗模型的技术假定会导致落后地区有较快的经济增长,但随着收入递增概念引入模型,研究发现富国的经济增长并没有向贫困国家的经济增长收敛,存在区域发散性。

1.3.2 国内相关研究

国内对产业空间结构的研究主要集中在改革开放后的30年内,相比西方理论界对产业空间结构的研究,我国起步较晚。尽管如此,国内学者通过借鉴西方空间结构理论研究成果,结合我国的实际情况,对产业空间结构问题进行了卓有成效的研究,并形成了许多有影响力的研究成果。这些研究内容主要集中在产业空间结构的内涵、产业空间布局模式以及产业空间结构对经济增长影响等方面。

1. 产业空间结构的内涵

区域产业结构与空间结构是区域结构的两个核心内容,是互相影响、互相补充的两个方面,不同的产业部门有不同的布局要求,产业结构不同,所形成的空间组合也不一样,空间结构差异很大;反之,空间结构的变化,也会影响产业结构发生变故。随着现代经济的不断发展,区域产业结构正向着相互融合、更为密切的方向转变,产业空间结构的内涵也日益成为国内学者关注的焦点。陆大道(1995)从社会和经济主体出发定义了区域经济空间结构,认为区域经济空间结构是社会经济主体在空间中的相互作用和相互关系,反映这些客体和现象的空间集聚程度和集聚形态。区域经济空间结构是区域发展状态的"指示器"。经济地理学者陈才也对经济空间结构做了大量的研究,认为区域经济空间结构也称区域经济地域结构,即人类经济活动的地域组合关系及组合形式,具体表现为一个经济地域内的经济核心及受经济核心吸引的外围地区和由交通运输网络组成的网络型地域[21]。曾菊新(1996)对区域经济空间结构也做了比较系统的论述,从三个方面对经济空间结构的构成要素进行界定,分别是空间经济的几何要素(点、线、面)、区位几何要素的组合实体或类型、生产力要素的空间流动,并指出区域经济空间结构的基本特征有系统性、区域性和动态性三个方面[22]。赵改栋(2002)从经济增长的角度将产业空间结构的内涵界定为区域内各种生产投入要素所形成的生产组合以及在产业及空间形态上所形成的综合物质实体。在一定的区域范围内,区域的产业结构与其空间结构相互联系、相互作用,形成一个中观层次的结构,它不是产业结构与空间结构的简单相加,而是区域产业结构与空间结构相互作用的有机整体,共同作用于区域的经济增长及区域内的微观经济组织。产业空间结构通过不断优化生产要素的配置来实现产出的优化,同时通过不断地升级换代,实现其动态化、协调化、高级化发展[23]。陈岩(1996)在论述区域产业外部经济时,将区域产业结构与空间结构作为一个整体来进行研究。他认为,行业规模经济即为行业外部经济,区域规模经济即为区域外部经济,行业规模经济与区域规模经济结合在一起形成区域产业外部经济。这种外部经济的实质是将区域的空间结构因素与产业因素结合起来,这种将二者结合在一起的外部经济,为研究产业空间结构提供了借鉴[24]。万家佩、涂人猛(1992)从生产要素聚集的角度所定义的区域空间结构同样也包含了产业空间结构。他认为,区域的空间结构是指生产力的诸要素在空间中的相互位置、相互关联、相互作用、集聚程度和集聚规模,它实际上是关于农业、工业、第三产业、城镇居民点区位的综合区位论。当然,研究问题的目标和着眼点不是寻求各种单个经济社会事物现象的最佳区位,而是各种客体在空间中的相互作用、相互关系以及反映这种关系的客体和现象的空间集聚规模和集聚程度[76]。

2. 产业空间布局模式

产业布局模式是指一个国家或地区产业各部门在地域上的动态组合分布。国内对产业空间布局模式的探讨，主要代表有陆大道的"点-轴"模式、叶大年的"对称分布"模式和陆玉麒的"双核结构"模式。

（1）陆大道（2001）提出"点-轴"布局模式。

陆大道从经济增长与平衡发展关系的倒"U"理论出发，认为我国目前仍处于不平衡发展阶段，而"点-轴"布局是该阶段最为有效的产业空间组织形式。对于"点-轴"模式的含义，陆大道认为，社会经济运行客体大多都在"点"聚集，这些点通过线状基础设施（"轴"）联成一个有机的空间结构体系。在这个体系中，"点"又向周围区域辐射其影响力（产品、技术、管理、政策等），取得经济社会运行的动力（原料、劳动力等），这就是扩散。扩散的基本特点是在各个方向上的强度并不相同，其中，沿主要线状基础设施（"主轴"）方向的辐射强度最大，从而引起在该方向上较大规模的聚集。"点-轴"模式认为，在经济发展过程中，大部分社会经济要素在"点"上集中的同时，"点"与"点"之间由线状基础设施联系在一起形成"发展轴"。"发展轴"对附近区域有很强的经济吸引力和凝聚力，同时，"轴"也是"点"上社会经济要素向外扩散的路径。这就是说，社会经济客体在空间中以"点-轴"形式进行渐进式扩散。区域经济的空间移动和扩散是通过"点"和"轴"在一定区域内有机组合实现的，"点-轴"在空间结构上表现出的是点与面的结合，基本呈现出一种立体结构和网络态势。点轴布局模式在我国的实践中，较典型的有陆大道提出的由海岸带和长江轴相交而成的"T"型开发格局以及"十一五"规划中提出的四条横贯我国东西的经济带（即珠江经济带、长江经济带、陇海—兰新经济带和京津—呼包银经济带）[26]。

（2）地质学家叶大年院士（2000）提出"对称分布"模式。

"对称分布"模式的主要观点是：①一个区域如果在地质构造上有对称

性，它在地形、地貌和矿产资源上也会有对称性；②一个区域在地形地貌和矿产资源上有对称性就会导致经济地理上的对称性，经济地理上的对称性可以直接反映在城市分布的对称性上；③区域气候条件（年平均气温，特别是年降雨量）会影响经济地理对称性；④人们的重大经济、政治活动也会影响经济地理的对称性；⑤一个区域经济地理以对称性或色对称为理想状态，它有利于政治的安定和经济的持续发展，一个自然条件不对称的区域不可能发展为对称的经济地理格局，只能发展为色对称的格局。依据此原理，叶大年对我国城市分布的对称性进行了检验，并对我国城市化进程中应重点发展的一些城市作了预测，包括湖南怀化、江西赣州、陕西延安等[27]。

（3）我国学者陆玉麒（1998）提出"双核结构"模式。

陆玉麒通过对沿海城市的分析发现，一些地区一方面有作为政治、经济、文化三位一体的区域中心城市，即为省会城市；另一方面又有重要港口城市，行使区域中心城市的门户港城功能。据此，陆玉麒将"双核结构"模式定义如下：在某一区域，有区域中心城市和港口城市及其连线所组成的一种空间结构现象[28]。这一现象广泛存在于我国沿海及沿江地区，沿江地区如成都—重庆、长沙—岳阳、南昌—九江、合肥—芜湖等，沿海地区如沈阳—大连、北京—天津、石家庄—黄骅、济南—青岛、徐州—连云港、杭州—宁波、广州—深圳、南宁—北海等。这一现象也广泛存在于其他国家和地区中。

3. 产业空间结构对经济增长的影响

关于产业空间结构对经济增长的影响（即经济增长的结构因素），从国内研究来看，主要集中在两个方面：一是产业结构对经济增长的影响，二是空间结构对经济增长的影响。

关于产业结构对经济增长的影响的研究，近年来，国内学者主要运用计量模型的方法来测度三次产业对经济增长的贡献。胡振华、周永文（1997）从动态角度运用生产函数中的全要素生产率来说明各产业部门产值占总产值的比重变动（即三次产业产值比重变动）所带来的经济增长，并阐述了产业结构变动影响经济增长的原因及途径[29]。钟学义、王丽（1997）从产业关联的角度，运用投入产出法分析产业结构变动对经济增长的影响，认为收入增长引起国内需求结构、消费结构和投资结构的变化，从而使产业结构发生变化。而产业结构在变化过程中，为适应需求的变化同时更有效地利用现有技术，就必须重新分配劳动力、资本等生产要素，使各要素从生产率较低的部门向生产率较高的部门转移，从而加速总量经济增长[30]。安中轩（2008）运用偏离—份额分析法分析了西南地区三次产业对经济增长的影响，在数量分析的基础上就西南地区调整产业结构、增大经济效益提出相应的政策建议[72]。姚愉芳（1998）认为，产业结构对经济增长的影响是通过空间结构效应实现的。所谓空间结构效应，就是经济空间结构变化所引起的经济增长。提高空间结构效应，往往可以在不增加投入的情况下实现经济增长，即实现经济的内生增长[31]。20世纪90年代以来，对空间结构与经济增长关系的研究，主要集中在区域空间发展状态是否健康的问题、三大地带（东、中、西）之间的关系问题以及均衡与非均衡发展同经济发展水平的关系问题。陆大道、薛风旋（1997）通过对中国三大地带形成的历史原因深入分析发现，三大地带在城市化水平、人均收入水平、消费水平等经济发展水平方面产生了明显的差距，并且这种差距将在相当长的一段时期内长期存在，短期内缩小这种差距是不现实的[32]。关于区域均衡与非均衡发展的关系问题，在改革开放以前，我国基本上采取的是区域均衡发展战略，对"老少边穷"地区甚至采取区域援助的政策。20世纪50年代至60年代，对黑龙江的三江平原、云南的西双版纳等地进行的大规模垦荒运动就是区域发展援助的具体表现；"一五"期间，国家把经济建设的重点放在内陆地区的京广铁路沿线、陇海铁路沿线和哈大铁路沿线的部分地区，而对沿海地区很少进行新的投资，实施的就是均衡发展战略；改革开放以后，国家鼓励发展条件较好的沿海地区优先发展，设立经济特区，实施非均衡发展战略；待东部发展到一定的程度后，国家启动西部大开发战略，促进区域非均衡协调发展。

从国内学者对产业空间结构的已有研究可以发现，尽管我国学者对产业空间结构问题的研究起步较晚，但经过众多学者的共同努力，通过借鉴西方理论并结合中国现实,通过定性描述与定量分析相结合的方法,我国对产业空间结构的理论探索和实证检验都进行了比较全面的分析研究,并取得了卓越成果。然而,通过分析、归纳这些研究成果发现,对产业空间结构问题的研究仍然存在一些不足和值得我们深入挖掘的地方:首先,在研究结构因素对经济增长的影响时,往往将产业结构与空间结构分开,分别研究各自对经济增长的影响,以这些研究为基础而制定的产业政策和产业空间布局政策,在实施中往往出现相互分离,甚至相互矛盾的情况,只有努力使二者相互融合、相互促进才是正确的发展方向,使产业结构与其相应的空间结构共同作用于区域经济增长,才能提高区域的经济社会发展水平;其次,对产业空间结构研究所采用的方法,往往是针对目标区域,运用简单的图解进行定性地描述,较少使用定量分析的方法,因而可能使相应的结论政策缺乏更客观、更可信的科学依据;除此之外,在研究对象上,国内对产业空间结构的研究往往选择沿海地区或内陆地区作为研究目标,而较少关注"次区域"①合作地区[20]的产业空间结构问题。因此,未来的研究重点应该转向以区域产业空间结构的相关理论为基础,综合运用经济学、地理学、规划学等多种工具,对沿海地区、内陆地区以及次区域合作地区的产业空间结构进行研究,从而为研究的深化和相关政策的制定提供理论支撑和路径选择。

1.4 研究方法与研究内容

1.4.1 研究方法

(1)理论与实证相结合的方法。

本书综合运用区域经济学、城市经济学、产业经济学、空间经济学等

---

① "次区域"是相对于"区域"的一个概念。关于"次区域"的定义,目前没有一致的观点。这里综合新加坡学者林华生和我国学者余炳雕的观点,定义"次区域"为:若干国家地理上相近或相邻的某些地区联合起来,充分发挥各自优势所形成的经济合作区。

学科知识，对产业空间结构研究涉及的相关概念、基本原理和空间结构的演化机制进行探索。在此基础上，本书对广西北部湾经济区的产业结构和空间布局的现状、问题及空间结构重组等问题进行实证分析。从研究方法上看，充分体现了理论与实证研究相结合的特点。

（2）定性与定量分析相结合的方法。

定量分析也是本书主要的研究方法之一。在定性分析的基础上，本书从计量的角度进行量化研究，以提高研究成果的准确性和客观性。定量研究在整个研究过程中都有体现，重点体现在用偏离-份额分析法、统计分析法对广西北部湾经济区的产业结构及其空间分布从数量上进行深入分析。对于无法采用定量分析的内容，则力求准确、简明的定性描述，以强化分析的透彻性。本书运用定性分析与定量分析相结合的研究方法，有助于对广西北部湾经济区产业空间结构的现状及存在的问题进行系统科学的分析，增强产业空间结构优化重组对策的可信性和可操作性。

1.4.2 研究内容

本书综合运用区域经济学、空间经济学、城市经济学、产业经济学等学科知识，从区域经济活动集聚、产业空间结构形成与演变机理出发，以广西北部湾经济区为实证研究对象，就区域产业空间结构重组优化这一问题进行深入系统的分析，并采用统计分析与计量分析等手段，对当前广西北部湾经济区产业空间结构的现状及问题进行了较为全面地分析与探讨，并提出产业空间结构调整的对策建议。

全文共分为9章：

第1章为绪论。本章从国内外两个方面阐述本书的研究背景，对国内外有关产业空间结构的研究成果进行回顾，进而探讨本书的研究目的和研究意义，并介绍本书的研究方法和本研究的结构框架，总结出本书可能的创新点和不足。

第 2 章研究产业空间结构的理论基础。本章根据区位论的发展演进顺序，分别阐述了古典区位论、近代区位论和现代区位论，并对这些理论作简单评述。在此基础上，本章对区域分工与合作理论以及区域产业组织理论进行阐述与探索，力求构建本书的理论框架，为后面的实证研究奠定理论基础。

第 3 章研究产业空间结构的形成与演化机制。本章从产业的空间集聚与扩散、产业的升级演化、基础设施的导向与推动作用以及政府宏观调控五个方面分析区域产业空间结构的形成与演化机制，为后文分析广西北部湾产业空间结构的形成演化提供理论支撑。

第 4 章介绍广西北部湾的范围及地理概况。本章首先对广西北部湾经济区的范围进行界定，并对经济区内各城市群的自然地理进行介绍，并对广西北部湾的交通和自然资源禀赋状况进行分析，为后文分析广西北部湾产业空间结构演化提供依据。

第 5 章研究广西北部湾产业空间结构现状。本章首先从总体上分析广西北部湾产业经济发展现状、经济发展差距以及人口密度和经济密度。其次，对广西北部湾产业发展的空间特征进行分析，并从城市等级、城市间相互作用等方面分析城市结构。最后，运用偏离-份额分析法分析广西北部湾产业结构对经济增长影响的空间差异。

第 6 章研究广西北部湾产业空间结构的形成与演化机制。本章以第三章所介绍的区域空间结构的形成与演化机制为基础，探讨区位、自然禀赋等客观条件对对广西北部湾经济区空间结构形成与演变的影响，进而分析产业集聚与扩散、产业结构升级、基础设施、区域经济政策等方面对产业空间结构形成与演变的影响，综合分析了广西北部湾产业空间结构的演化机制。

第 7 章对广西北部湾产业空间结构进行合理化分析。产业空间结构合理化包括产业结构合理化与空间结构合理化两个方面。本章从资源禀赋、人才技术、地域分工、产业集聚、城市体系等方面对广西北部湾产业空间结构的合理化问题进行分析，并得出有关结论。

第 8 章研究广西北部湾经济区空间结构调整。在分析广西北部湾经济区产业结构与空间结构的现状及问题的基础上，本章以产业空间结构演化机制为支撑，以尊重客观实际、效率优先、功能提升为原则，从广西北部湾经济区产业空间结构重组优化的战略目标、重点产业、重点区域三个方面提出经济区产业空间结构调整的对策建议。

第 9 章为主要结论与研究展望。本章从理论和实证两个方面归纳总结出全文的主要结论，并根据本书研究的薄弱环节，对后续研究进行展望。

本书内容结构如图 1.1 所示。

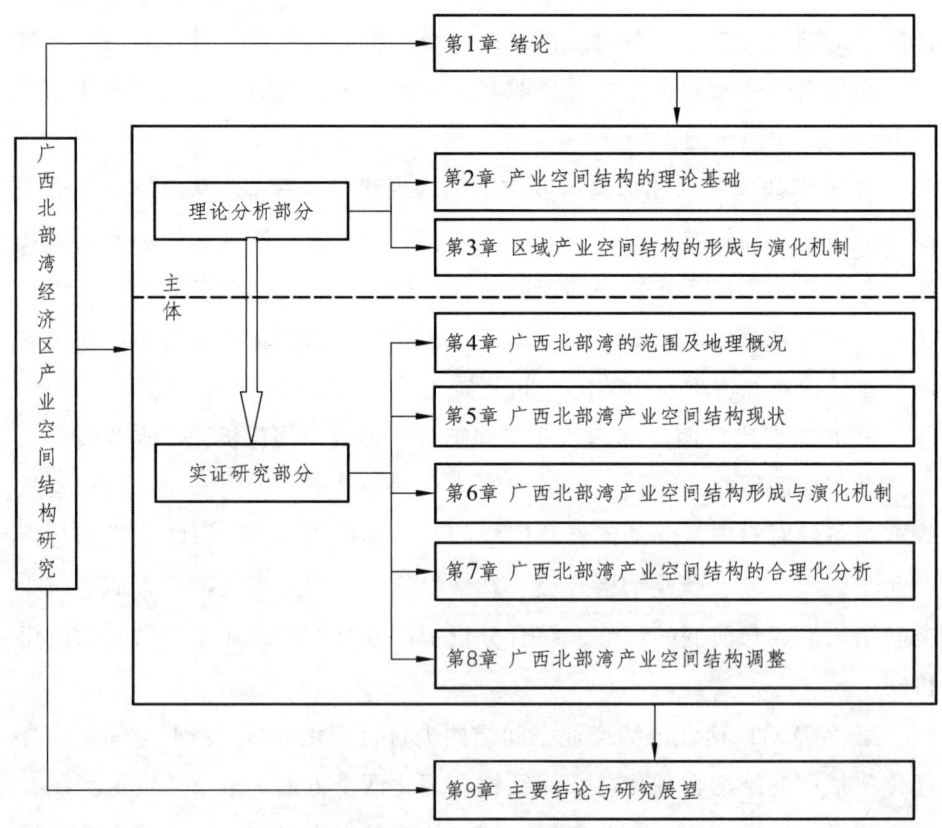

图 1.1　本书的结构框架

1.5 本书可能的创新点与不足

1.5.1 本书可能的创新点

本书运用区域经济学、产业经济学、发展经济学、空间经济学、统计学等学科的基本原理，从理论研究出发，在吸收前人研究成果的基础上，在以下方面着力进行探索：

（1）在理论上。本书通过探索区域产业空间结构研究的基本理论，根据区位论的研究方法、研究对象等方面的差异和演进顺序，将区位论划分为古典区位论、近代区位论和现代区位论。结合地理学、经济学等学科知识，对空间的概念进行界定，进而探讨产业空间结构的内涵。根据本书的研究主题，从区位理论、区域分工与合作理论、区域产业空间组织理论三个方面奠定本书研究的理论基础。

（2）在研究视角上。本书在借鉴相关研究的基础上，将区域产业空间结构演化机制分为地理客观机制、市场自组织机制和政府调控机制三个方面。地理客观机制包括区域的地理位置、自然禀赋和已有的交通基础设施等客观条件；市场自组织机制包括市场因素影响下的产业集聚、产业扩散、产业结构演变三个方面；政府调控机制则从区域产业政策、财税、金融和法律等调控手段分析政府调控对区域产业空间结构演化的影响。研究视角既包涵了影响产业空间结构演化的客观因素，又涵盖了影响产业空间结构演化的人为因素。

（3）在研究方法上。本书应用现代统计方法，对城市之间的相对作用强度以及空间相关性等方面进行分析，并运用偏离-份额分析法分析产业结构对经济增长影响的空间差异。在计算城市之间相互作用强度时，对计算结果进行无量纲化处理，得到相对作用强度。计算城市之间作用强度的公式普遍为：

$$E_{ij} = K \cdot \frac{\sqrt{P_i V_i \cdot P_j V_j}}{R_{ij}^2},$$

但这样计算出来的数值大小，没有明确的经济含义，并不能具体代表两城市相互作用力的大小。这种作用强度往往只能排序，且这样得到的数据单位表达起来也很不方便，所以本书对这种作用强度数据进行最小值化法的无量纲化处理，得到相对作用强度，以便确定城市之间作用强度的次序。

（4）在实证研究上。本书对广西北部湾产业空间结构现状及其合理化进行了分析，认为广西北部湾产业空间结构基本与资源环境相适应，产业园区也初具规模，空间集聚逐步形成，但港口定位不明确，城市体系不合理，无序竞争严重。在产业空间结构调整的对策上，本书根据广西北部湾的实际情况，提出应重点发展石化、钢铁、现代物流、高新技术等产业，着力打造"三基地一中心"（即物流基地、商贸基地、加工制造业基地和信息交流中心），并依据"点-轴"发展模式，提出由3条经济带组成的"N"型空间发展格局。

1.5.2 不足之处

区域产业空间结构研究涉及人文、地理、社会经济以及政策制度等各个方面，本身是一个复杂的系统工程，同时受资料收集困难和笔者自身水平有限的制约，本书在许多方面还存在不足，希望在今后的学习和研究中进一步深入探索。

（1）对"次区域"框架下的产业空间结构研究不够。广西北部湾经济区地处华南经济圈、西南经济圈和东盟经济圈的结合部，背靠大西南，面向东南亚，与东南亚诸多国家接壤，属于"次区域"范畴，但囿于数据的可得性和实地调研的困难，本书对广西北部湾经济区产业空间结构的研究只能局限于本国范围内，仍旧处于封闭和半封闭的状态，对"次区域"框架下的产业空间布局研究不够，缺乏开放的视野，有待在今后的研究中进一步加强。

（2）对产业的微观布局研究不够。产业微观布局是产业布局研究的一个重要组成部分，分析产业微观布局与产业的自组织，使微观产业的布局落实到具体空间，才能发挥经济区整体的经济社会效应。由于缺少广西北部湾经济区微观产业（企业）的详细资料，本书对这方面的研究显得不足，只是从宏观层面做了一些战略性的描述，因此微观方面的研究有待在今后研究进一步加强。

2 产业空间结构的理论基础

对广西北部湾经济区产业空间结构进行实证分析之前,有必要对产业空间结构基本理论进行梳理。只有在理论分析的基础上,再对广西北部湾经济区的产业空间结构进行实证研究,针对广西北部湾经济区产业空间结构存在的问题提出的空间调整的对策建议才具有理论依据和现实价值。与产业空间结构相关的理论众多,根据其发展演进路径并结合本书的研究主题,可以将产业空间结构理论概括为区位理论、产业空间分工与合作理论、产业布局理论以及新空间经济理论,本章将对这些理论进行系统阐述并归纳总结。

2.1 空间、空间结构、产业空间结构的概念界定

在研究广西北部湾经济区产业空间结构之前,有必要对空间、空间结构与产业空间结构的概念与内涵进行描述和界定。

2.1.1 空间

《辞海》对空间的定义是:空间指物质存在的广延性和伸张性,空间和时间不依赖于人的意识,具有客观性[33]。根据学科不同,本书将空间分为地理空间、数学空间和经济空间。

(1)地理空间是指物质、能量、信息的数量及行为在地理范畴中的广延性存在形式。主要内容有地理事物在空间中的分布形态、分布方式和分布格局及其互相作用、互相影响的特点。

（2）数学空间是地理空间概念的延伸和抽象。如拓扑空间、双曲空间、黎曼空间、各种函数空间和欧几里得空间等，它们反映了人们对空间结构各种属性认识的发展。

（3）经济空间是指经济现象和经济活动在一定地理范围以所分布的位置、形态、规模和相互作用为特征的存在形式和客观实体。它反映了以地理空间为载体的经济活动的区位关系和空间形态。经济空间不仅是经济活动的"容器"，而且体现了经济活动客体的属性和相关关系，是区域发展的指示器。从这个意义上说，"经济空间"的实质是"经济活动空间"。

2.1.2 空间结构

结构，原指建筑物的内部设置，常用于土木工程方面，所指对象是实体，引用到社会科学中是指被研究对象所具有的系统性、持续性及可辨认的特征。

空间结构（spatial structure），在经济学中是指社会经济客体在空间中的相互作用及所形成的空间集聚程度和集聚形态，有狭义和广义两层含义。广义的空间结构是指包括自然、社会、经济要素在内的地域结构，它一方面是地球表面的物质形态，另一方面是人类经济活动，这是从地理学的视角来定义空间结构的。狭义的空间结构则是指经济空间结构，是经济地域的主要物质内容在地域空间上的相互关系和组合形式。

对于空间结构，本书将其定义为：用来组织空间并涉及社会经济活动运行和结果的模式。它主要有以下内涵：① 它是以一定的地域范围为基础的，经济客体的存在及经济活动的展开都要依存于一定的自然地理空间。② 它包含各种经济元素依照某一经济原则而形成的空间布局体系，强调各种经济元素之间的相互关系和相互作用。③ 它是社会经济活动的空间投影，受历史因素及客观条件的影响，人类社会经济活动在空间中存在差异，因此区域空间结构反映出经济空间发展的不均衡性。

一般地，区域的经济空间结构主要由点、轴线、网络、域面四大基本要素构成。

点是指某些经济活动在地理空间上集聚而形成的点状分布形态，以城镇为载体，是区域经济的核心，发挥区域经济增长极的作用。

轴线是将分布在空间中的节点联系在一起的重要通道。根据经济活动的性质，轴线包括交通干线（由铁路、公路、水运、航空等组成）、通信线（由各种通信设施组成）、能源供给线（由各种能源设施组成）、给排水线（由各种水利设施组成），还有由一定数量的城镇作线状分布所形成的线。

网络是连接空间结构中的点与线的载体，由相关的点和线相互衔接而成。其作用在于使连接起来的点和线产生孤立的点和线所不能完成的功能。区域经济运行中的各种物质流、资金流、信息流、人口流，正是依赖于网络的形成与完善才得以实现并快速发展。

域面是由区域内经济活动在地理空间上所表现出的面状分布状态，如农业空间分布所呈现的域面、各种市场所形成的域面、城市经济辐射力所形成的域面等。域面具有确定的空间范围，依赖于点、线等要素而存在。

2.1.3 产业空间结构

产业空间结构，又称产业地域结构，指人类经济活动在一定地域范围内的空间组合关系，具体说，就是经济地域的各种经济活动在空间上的相互关系和地域上的组合关系。产业空间结构包括两个核心要素，即产业结构及其空间结构。产业结构是各产业的构成及各产业之间的联系和量的比例关系。空间结构是一个地域综合概念，是产业部门在地域空间上的落实，它包括一个地域的宏观格局与框架、区域的产业布局及产业的空间组合关系、区域的各级经济中心及外围。产业与空间如何结合，即在何地布局何种产业，形成何种产业空间结构，决定了资源的配置效率。因此，产业空间结构并非产业结构与空间结构的简单叠加，而是二者相互结合形成的一个相互联系的有机系统。

从系统论的角度，本书将产业空间结构定义为：一定区域内各种生产投入要素所形成的生产组合，在空间形态下形成的综合物质实体。在这个综合实体中，首先体现的是实体中的产业结构及其空间布局是否与该地区的区位条件、社会经济发展水平、生态环境相适应；其次是城市的等级规模体现是否与产业经济发展水平相适应，作为产业发展的载体，城市的等级规模直接决定了产业发展的重点与方向；最后是空间之间的相互联系和作用，这种联系和作用包括区域与外部之间的联系以及区域内部中心与外围之间的联系。

总之，区域产业空间结构不是产业结构与空间结构的简单相加，而是区域产业结构与空间结构相互作用的有机整体，共同作用于区域经济的增长及区域内的微观经济组织。产业空间结构通过一定的空间组织形式将生产要素组合起来，优化生产要素的空间配置，促进区域经济协调、持续、健康发展，同时通过升级演化，实现其动态化、协调化、高级化发展。

2.2 区位理论及其演进

区位理论是关于区位选择与组织的理论。具体地说，就是从空间上研究人类社会经济活动的空间选择问题，进而探讨这些活动在空间组织中最优化的学问。空间选择和空间组织是区位理论研究的基本内容。

19世纪初，德国经济学者杜能（J. H. von Thunnen）根据资本主义农业与市场的关系，探索因运输费用不同而引起的农业分带现象，创立了农业区位论，开创了产业空间研究的先河；20世纪初，德国经济学者韦伯（Alfred Weber）研究了工厂的区位因子，提出工业区位论；20世纪30年代初，德国地理学者克里斯塔勒（W. Christaller）根据聚落和市场的区位关系，提出中心地理论，使区位理论开始进入地理学；稍后，另一德国经济学者廖什（A. Losch）以克氏理论为框架，发展了产业的市场区位论；20世纪40年代，克氏著作由美国地理学者乌尔曼（E. Ullman）翻译成英文，自此克氏理论在欧美地理学界大为风行，成为20世纪50年代后计量运动的主要内容之一。区位理论从产生到现在，历经一个半世纪的历程，横跨经济学和地理学两大学科体系，成为公认的两门学科主要的内涵和互通桥梁。根据区位理论发展演进顺序、研究对象和研究方法等方面的差异，可以将区位理论的发展归纳为3个阶段,即古典区位论、近代区位论和现代区位论。

2.2.1 古典区位论

古典区位论的两个经典理论是杜能的农业区位论和韦伯的工业区位论。

1. 农业区位论

德国古典经济学者杜能根据自己经营特洛农场十年的经验,于1826年出版了资本主义背景下农业空间组织的名著《孤立国同农业和国民经济的关系》(简称《孤立国》),首次提出了关于农业布局的区位理论,标志着西方区位理论的产生。该理论的中心思想是:在一个单一城市、单一市场和单一运输方式的"孤立国"内,农业土地利用类型和农业土地经营的集约化程度,不仅取决于土地的自然特性,更取决于其经济状况,尤其取决于它到农产品销售市场(城市)的距离。

杜能以古典政治经济学理论为基础提出地租理论,认为对土地投入的多寡(即地租的高低)取决于两方面的因素,即空间(自然区)和配置(距离城市的远近)。杜能根据地租理论,认为农业布局的原则是从每一单位土地上获取最大利润(P),而利润(P)是由农业生产成本(E)、农产品从产地到市场的运输费用(E)和农产品市场价格(V)三个因素决定的,其计算公式为:

$$P=V-(E+T)$$

在农产品价格与生产成本不变的情况下,农业利润与运输费用呈反比关系,即运输距离越近,运输费用越低,利润越高;反之,运输距离越远,运输费用越高,利润越低。杜能运用上述公式分析了城市周围的土地利用类型和集约化程度,认为农业土地利用类型和集约化程度是以市场为中心呈同心圆形态分布,即经典的"杜能圈"。"杜能圈"由六个圈层组成:①第一圈为自由农作区。该区距离市场最近,主要生产易腐难运的产品,如蔬菜、牛奶、鲜花等产品。②第二圈为林业区。该区主要生产木材,以解决城市居民所需燃料和建筑用材等问题。③第三圈为轮作农业区。该区主要种植谷物(麦类、豌豆等)和饲料作物(土豆等),通过合理轮作,既可以恢复土壤肥力，又可以保证粮食生产供应。④第四圈是谷草农作区，谷物、牧草和休闲地轮作，主要向城市提供谷物和畜产品，但以畜产品为主。⑤第五圈是三圃制（即有 1/3 的土地休耕）农作区，主要为城市提供各种加工过的畜产品和少量的谷物，土地利用的集约化程度已逐渐降低。⑥第六圈为畜牧区，与第一圈相比，集约化程度有明显差别，因距城市过远，种植的谷物只能作自食之用。第六圈以外是无人利用的荒地。"杜能圈"的形成机制与圈层结构如图 2.1 所示。

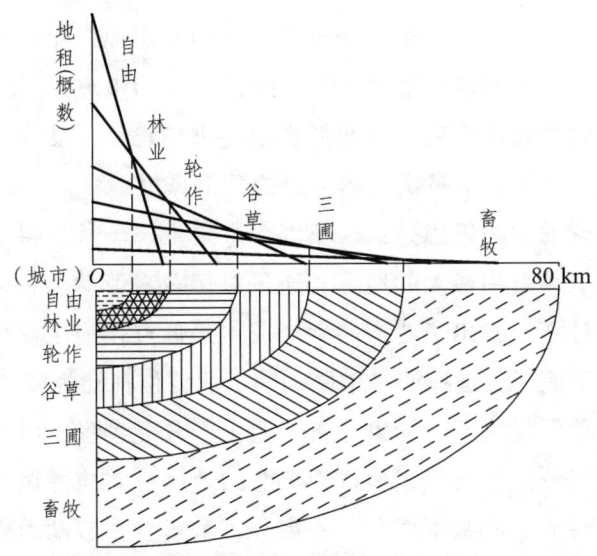

图 2.1　杜能圈形成机制与圈层结构示意图

杜能的农业区位论提出了农业经营的合理空间组合模式，揭示了区域农业经济活动的空间分布规律，是区域经济活动空间分布的基础性理论，也是考察现代农业经济空间结构的重要理论模式。在论证中，杜能广泛地运用了经济学中的价值法则、地租理论作为理论基础，其抽象的研究方法为以后区位论学者广泛采用。虽然该理论只简单地考虑了运费一个因素，但是它开创了经济学和经济地理学研究的新领域，首次在模型中引入了空间因素，为以后区位论的研究发展奠定了基础。综合来看，杜能农业区位论的重要贡献在于其对农业地域空间现象进行了理论性、系统性的总结，并把经济学与地理学理论相结合。然而，随着科学技术的发展和社会的进步,杜能的理论模型与现实之间存在的差异越来越大。例如,随着现代交通工具的出现,生产地和消费地之间的空间距离大大缩短,通过经济政策制定特殊的运费率,使远离消费市场的地区生产单位重量价值较低的产品成为可能,从而不再局限于"杜能圈"中运费决定农业生存布局的框架。由此可见,过分强调运输费用显然是杜能模型与现实情况不太相符合的地方。

2. 工业区位论

工业区位论最早由德国学者龙哈德提出,其论文《工业设备的最佳区位决定》是古典区位研究的精华文献之一。但对工业区位论作出系统化研究的是德国经济学家阿尔弗莱德·韦伯他于1909年出版《论工业区位》一书,提出了比较系统的工业区位布局理论。韦伯也被公认为是工业区位论的拓荒者和工业区位论中最低成本学派的开山鼻祖。

工业区位论的中心思想是:区位因素决定生产场所,将企业吸引到生产费用最小、节约费用最大的地点。通过对运费、劳动力和聚集效应相互作用的分析与计算,找出工业产品生产成本最低点作为工业企业布点的理想区位,探讨工业区位选择的基本原则和工业区位移动规律。

韦伯从简单假设出发,抽象分析工业生产分配过程,以纯区位规则的演绎方法研究工业区位问题,他认为工业的地区分布应遵循"生产费用最小,节约费用最大"的基本原则,着重分析了运费、劳动力成本和集聚效应三个方面对工业区位的影响。

(1)运费对工业区位的影响。韦伯为了分析的简单化和理想化,在分析运费对工业区位的影响时,暂时不考虑劳动力费用和聚集效应两个因素,只考虑运费这一单一因素的影响。根据原料的普在性和偏在性特点,工业区位选择有三种情况:① 若原料是普在性原料(即各地均有),则运输费用主要是产品产地到市场的费用,那么工业区位应在市场;② 若原料是偏在性原料且原料指数(即原料重量与制成品单位重量之比)小于1,则原料运费小于制成品运费,那么生产地多设于市场区;③ 若原料是偏在性原料且原料指数(即原料重量与制成品单位重量之比)大于1,则原料运费大于制成品运费,那么生产地多设于原料地,若原料指数近似为1时,则生产地于原料地无差异。

（2）劳动力成本对工业区位的影响。韦伯认为，当劳动力成本节约对企业选址有利时，可能导致企业离开或放弃运费最低点，并转向劳动力廉价的地区，使运费定向区位第一次产生空间"偏离"。当然这种"偏离"产生的前提是"偏离"后所造成的运费的增加必须小于劳动力成本的节约。

（3）集聚效应对工业区位的影响。所谓集聚效应，韦伯认为，是指某些工业部门向某地域集中所产生的一种大于所追加的运费或劳动力费用，从而使产品成本降低的效果。集聚效应可以通过两种方式产生：一是内部因素，即通过扩大生产规模、加强企业之间的分工与协作来降低生产成本；二是外部因素，即通过分享区域内社会公共设施等基础结构来降低生产成本。在韦伯看来，"运输成本和劳动力成本是区位中两个仅存的在区域内起作用的要素，任何其他对工业的地方积累和分布起作用的因素都包含在集聚力或分散力部分中，并且只在区域性因素所形成的一般框架中发挥作用"[35]。这就明确提出了"集聚"这一概念。韦伯认为集聚效应是一种"优势"，或者是一种生产的廉价，或者是一种在很大程度上生产被带到某一地方所产生的市场化。进一步地，韦伯将集聚效应的作用分为两个阶段：第一阶段是由生产企业内部扩张造成的生产集聚，通过规模经济带来费用的节约；第二阶段是通过企业分工协作、劳动力市场的发展、市场完善及基础设施公用带来的生产成本的降低。集聚效应使运费和劳动力成本定向的区位发生第二次"偏离"，当然这种"偏离"发生的前提是由此产生的经济效益不小于工业区位发生转移后所追加的费用，具体推算方法可利用等费用曲线来进行。

韦伯的工业区位论采用微观分析的方法，分析了影响工业区位选择的三个因素，提出了决定工业区位的最小成本原理，推导出区域工业活动空间分布模式，具有较强的可操作性。韦伯将抽象和演绎的方法运用于工业区位的研究中，揭示了工业经济空间活动的基本规律和区域经济空间结构形成与演化的基本机制（集聚与扩散），把区位理论由农业扩展到工业，建立了比较完善的工业区位理论体系。同时，韦伯创造性地提出了一系列有关区位分析的概念和工具，如区位因素、区位指向、原料指数等概念，对区位论的发展有很大影响，为之后的区位论学者提供了研究工业区位的方法和理论基础。尽管韦伯的工业区位论有很大的现实意义，但仍有许多不足，比如韦伯假定的完全竞争条件不现实，同时也没考虑到技术进步对工业区位选择的影响等。

2.2.2 近代区位论

古典区位论向近代区位论转变的一个显著特征就是从研究生产选址转向研究以城市为中心的城市市场区位。20世纪初，西方资本主义面临着严重的产品销售难题，由此促使了资本主义经济由以研究生产选址为主的生产经济转向以研究市场行为为主的消费经济。同时，资本主义经济的高度发展加速了西方国家城市化的进程，城市作为工业、贸易、交通的聚集中心，在整个社会经济中占据了主导地位，成为经济发展的至高点。因此，对城市的研究显得日益重要，很多经济学家和地理学家把研究的目光转向城市，开始研究城市的空间分布、数量、规模等问题，这就促进了区位论由研究生产选址转向研究城市市场区位，由古典学派向近代学派推进。近代区位论的两个经典理论是克里斯塔勒（Walter Christaller）的中心地理论与廖什（August Losch）的市场区位论。

1. 中心地理论

将区位理论由古典学派推向近代学派的大师，首推德国经济学家和地理学家克里斯塔勒，他于1933年出版了《德国南部的中心地》一书，系统地阐述了对地理学尤其是聚落地理学有重大影响的中心地理论。中心地理论也被称为城市区位论，其研究重心是探索决定城市的数量、规模以及分布规律，实质则是从区位选址的角度阐述城市和其他级别的中心地等级系统的空间结构理论。

与杜能、韦伯一样，克氏在建立中心地模型之前提出了一系列假设前提，采用抽象分析的方法，揭示了城市等级、职能以及在空间中的关系。克氏认为，任何一个区域都有中心地，中心地是区域的核心，其重要功能在于收集输送地方产品，并向周边区域居民提供所需物质和服务，通过经营获取收益。克氏研究指出，一个单独的市场中心，其最合理的经营范围（市场区）是一个圆形面域，最佳经营范围是圆的半径。但若存在多个市场中心时，由于多个圆之间存在剩余空隙，将使市场中心发挥不了最佳服务功能。因此，最合理的市场区范围会演变成正六边形，各个中心将形成不同等级、不同功能的市场网络体系。受市场因素、交通因素和行政因素的制约，中心地理论的市场网络十分复杂。通过归纳总结，克氏提出三种中心地模式，即市场原则模式（$K=3$）、交通原则模式（$K=4$）、行政原则模式（$K=7$）（见图 2.2）。K 值是中心地模型的重要指标，它反映了在上述三种不同的市场空间组织原则下，其数值等于六边形区域内中心地的数量与六边形边界上中心地数量的 1/2 以及六边形顶点上中心地数量的 1/3 之和。按照行政原则形成的中心地系统是封闭的，而按照市场原则和交通原则形成的中心地系统是开放的，其市场经济通常较为发达。可见，K 值有从高到低演进的趋势。

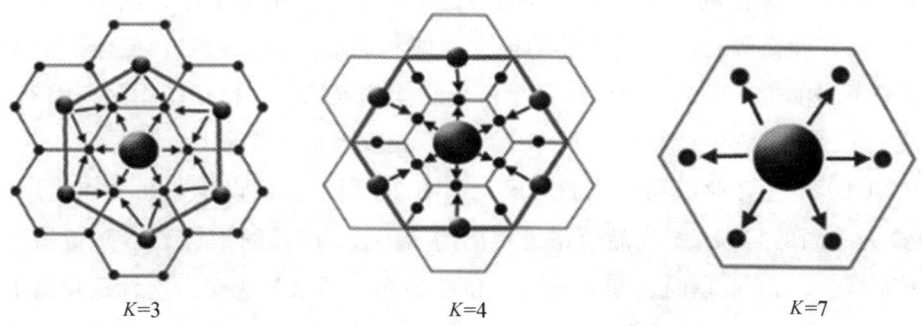

图 2.2 克里斯塔勒中心地理论三种空间排列

中心地理论分析了中心地规模等级、职能类型与人口的关系以及三原则基础上形成的中心地空间系统模型，在规划实践中具有较强的指导意义。该理论在许多国家已成为区域规划、城市布局的重要依据。根据克氏模型，将区域城镇发展规模分级管理，合理布局，并确定相应的交通干线走向、商业与基础设施供给水平和种类。但从发展的眼光来看，克氏的中心地理论也存在一些不足。例如，该理论并没有考虑到历史、社会、民族特点等方面的因素，而单纯以利润为唯一标准来确定城市规模等级往往是不现实的。再有，现实的消费者行为是多目标的，消费者可能更倾向于在高级中心地进行经济或社会活动，而克氏理论中消费者只是考虑距离自己最近的中心地，也不符合现实。

2. 市场区位论

德国经济学家奥格斯特·廖什是市场区位论研究的集大成者，他于1940年出版了《经济空间秩序：经济财货与地理间的关系》一书，对工业区位、市场区位进行了全面的论述，独立地提出了与中心地理论相似的市场区位论。廖什认为大多数工业区位是选择在能够获取最大利润的市场区域，区位选择的最终目的就是寻求最大利润点。以韦伯为代表的最小费用区位论，是在假定需求给定，且对企业区位选择不产生影响（即不考虑需求因子作用）的条件下，认为单一企业区位的选择动机是追求费用最小点。廖什反对韦伯及其后继者的这种最小成本区位的方法和寻求最大收益区位的方案。相反，廖什从需求出发，认为最佳区位不是费用最小点，也不是收益最大点，而是收益和费用之差的最大点即利润最大点。同时，最佳区位不仅要考虑单个厂商，还要考虑各个厂商之间相互依存、相互作用这一因素。

廖什以啤酒生产为例，演绎出市场区位发展的三个阶段：

（1）单一企业市场区位的形成。如图2.3所示，假设企业在P点生产，PQ为啤酒的需求量，产品价格是距离的增函数，产品的销售量Q随价格上市而减少，到R点时，运费最高，价格最高，需求量为0，这就是啤酒生产的市场地域边界。所以，单个企业产品的销售范围（市场区）是一个以P为中心，R为半径的圆，而总销售量则是PQR这个需求圆锥体的体积。

（2）潜在市场区的形成。按照上述需求圆锥体的形成原理，每个企业的市场区都是一个以企业为中心的圆，多个企业的市场区则为多个分散的圆，圆与圆之间存在空档，形成无法供给的潜在市场，如图2.4（a）和2.4（b）所示。

（3）多个企业市场区即市场网络的形成。在竞争的作用下，圆与圆之间的空档会被新的竞争者占领，圆形的市场区难以持久，通过挤压，最后形成一个蜂窝结构、呈正六边形的市场网络,并将充满整个区域,如图2.4(c)所示。正六边形既具有最接近圆的优点,也具有比三角形和正方形等其他多边形运送距离更短的特点。因此,按照廖什的观点,区位空间为正六边形时,空间竞争达到均衡,厂商只能获取正常利润,没有超额利润。

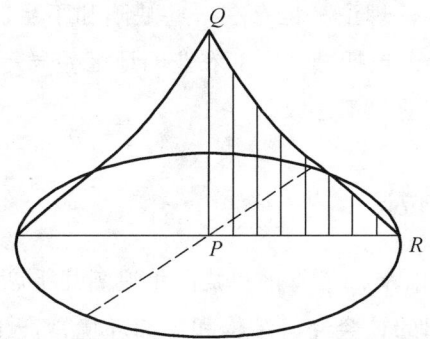

图 2.3 廖什的市场区与需求圆锥体[48]

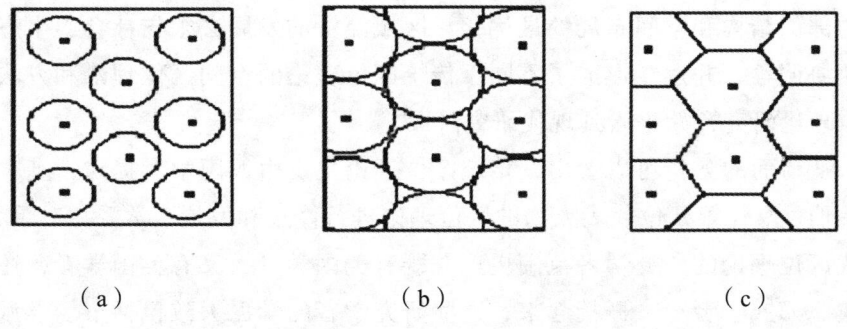

图 2.4 廖什的市场区组织的发展过程[34]

廖什的市场区位论从理论上确定了能够获取最大利润的地域边界,把利润原则同产品的销售范围联系起来考察市场区位的形成与演化,实现生产与消费研究的统一。在分析过程中,廖什首先以简单的方程组来描述一般的空间关系,用抽象化的系统来表述所有区位之间的相互关系,这是廖什将空间经济思想引入到区位论中,并在研究方法上的重要创新之处。他既从局部均衡的角度考察一个工厂的区位问题,又从一般均衡的角度考察整个区域工业的区位问题,这对区域经济学产生了深远的影响。廖什模式相比于克氏模式的先进之处在于他设计了一套多因素变动分析的动态区位模式，他所提出的六边形市场网络体系比克氏的体系更完善，可以适用于任何情况（K可以取任意数值）。可见，克氏模式只是廖什模式的三种特殊情况（K只取 3 个值）。因此，廖什模式具有更大的灵活性，更接近于现实。但是，廖什的市场区位理论，也存在一些缺陷和不足。例如，由于交通的影响引起的地区差异（包括城乡、工农业的地区差异等），廖什对此没有进行阐述也没给出相应的政策建议。

2.2.3　现代区位论

20 世纪 50 年代以来，工业化和城市化浪潮几乎席卷了西方所有国家，极大地改变了以往旧的社会经济结构和生活环境，产生了一系列亟待解决的重大区域经济问题，尤其是宏观方面的问题。在这一时期，区位研究的对象扩展到区域内的国民经济体系，区位布局的目的转为探索区域经济活动的部门结构和空间布局的最优化，区域经济的发展必须与社会、生态环境相协调等，并逐步形成了不同于传统区位理论的空间区位理论和方法，区位理论研究开始进入到现代研究阶段。

从前面的分析可以看出，传统区位理论主要由德国学者提出，基本围绕韦伯、廖什等几位代表人物的区位理论进行修正和发展，学派相对单一。现代区位理论的研究学者范围更广，既有美国学者，又有英国学者，还有瑞典、挪威学者等。概括起来，这些研究学者的学派大致包括市场学派、行为学派、社会学派、历史学派和计量学派。这里主要介绍在区域经济学中具有代表性的市场学派和行为学派的区位理论。

1. 区位论市场学派

区位论市场学派产生的时代背景是在垄断资本主义时代，商品销售成为企业经营者最头痛的问题，加之第二、三产业取代第一产业成为国民经济的主导部门，以及交通运输网络的发展和劳动生产率的迅速提高，市场问题成为企业能否赢利，甚至是企业能否生存的关键。这时，地域扩大化的中观区位理论、市场网络结构合理化的宏观区位理论等应运而生，这些理论在考虑生存成本和运输费用的同时，着重关注市场区划分和占领的重要性。1924 年，美国经济学家费特尔（Frank A. Fetter）提出的贸易区边界区位理论就是市场学派的典型代表。费特尔根据成本和运费不同的假定，提出了两生产地贸易区分界线的抽象理论。他认为，贸易区的边界是由该地区产品的单位生产成本和单位运输成本之和决定的。如图 2.5 所示，根据 A、B 两地企业生产成本和运输成本的不同，两地的贸易范围划分有以下三种情况。

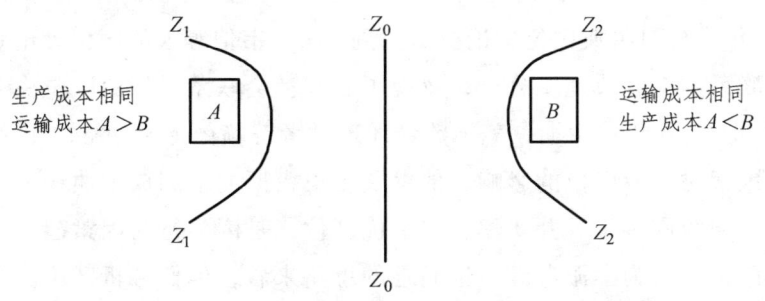

图 2.5　费特尔的 A、B 两产地贸易边界范围[73]

费氏的理论对以后的区位论发展具有一定的借鉴意义，20 世纪 30 年代初赖利（Riley）的市场分界点模式，20 世纪 50 年代至 60 年代苏联和中国学者的产销区划模式，在不同程度上均受其影响。20 世纪 30 年代以后，经济学界出现了一些对贸易和市场区进一步分析的理论，主要包括：

（1）瑞典经济学家帕兰德（T. Palander）1935 年提出的市场区的竞争区位理论。该理论是在费氏市场区位论的基础上，采用动态经济分析方法研究竞争区位。

（2）英国经济地理学者罗斯特朗（E. M. Rawstron）和美国经济学者史密斯（David Smith）所提出的赢利边际区位理论。所谓赢利边际就是企业配置在一定范围以内才有利可图，稍一逾越就会亏损。该理论的要旨是：① 由供求关系确定各地的产品价格；② 由生产成本和运费率共同确定各地产品的社会成本；③ 作出反映空间差异的成本曲线和价格曲线，两曲线的共轭部分即赢利区。

(3) 20世纪70年代,吉(J. Gee)研究了市场区,提出自由入口理论。该理论主要阐释在企业自由迁入的条件下,新企业如何打进老企业控制的市场区,实质是市场区的再瓜分问题。

2. 区位论行为学派

区位论行为学派主要采用对个体主观因素的群体客观分析法,考虑并分析了人的主观因素(对环境的直觉和相应的行为),从而对厂商区位进行决策。最早提出这一理论的是英国经济学者邓尼逊(S. Dennison),他在20世纪30年代初对古典区位理论提出批判,认为韦伯等人的区位理论是一种纯技术联系的空间或地域分析,忽视了心理社会联系对厂商区位决策的影响。20世纪60年代后期,美国数量地理学者普赖德(A. Pred)详细研究了行为因素对工业区位的影响,他发展了史密斯的空间成本曲线和赢利边际理论,认为许多工厂并非建立在最优区位,是因为行为因素起了主要作用。从区位论行为学派考虑区位问题的思路来看,他们分析区位问题,主要考虑以下几个方面:

(1) 决策者的行为。工业区位取决于决策者的拍板定案,因此,应对决策者的行为进行深入研究。普赖德于1967年提出的著名的行为矩阵,便是用来解释决策者行为的宏观规律和发展变化的,它是企业管理人员和产业区位关系的一般描述模式。

(2) 被雇佣者的行为。在早期,为解决温饱问题,被雇佣者都愿意到任何工资高的地方工作,但随着生产力和人们生活水平的提高,被雇佣者在考虑工资水平的同时,还会考虑工作地点的社会文化背景、交通便利性、宗教信仰、发展空间等高层次需求。

(3) 消费者的行为。企业在进行生产选址时,必须考虑到消费者的地区差异和消费者行为的多样性,以保证产品适销对路。

现代区位论在很大程度上改变了过去孤立地研究区位的生产、价格和贸易的局面,而将整个区位的生产、价格和贸易融为一体,从以往对区域类型、区域划分的理论研究,转向如何科学回答和解决人类所面临的各种现实社会问题的研究,从注重区位的经济产出转向以人为本的发展目标,做到区域经济与社会、生态之间的协调发展。

2.2.4 简要评述

从以上分析可以发现，区位论包括古典区位理论、近代区位理论和现代区位理论，古典区理位论和近代区位理论合称为传统区位理论。

古典区位理论的实质是"成本决定论"。古典区位理论立足于单一的企业或产业，研究其成本最小化的区位决策，基于微观的视角分析资源的空间配置和经济活动的空间布局，但缺乏宏观层面的一般均衡分析，且理论模型也显得过于抽象化。近代区位理论的实质是"利润决定论"。近代区位理论立足于一定的地域或城市，研究城镇体系和市场组织结构，在很大程度上反映了不同城市之间的相互关系以及空间相互作用。现代区位理论的实质是"综合决定论"。现代区位理论立足于整体国民经济，着眼于地域经济活动的最优组织。在传统区位理论的作用下，政府不得不采用各种经济政策宏观调控区域经济的运行，从而避免优势区位的累积强化和劣势区位的循环衰退，增大区域经济的发展差距。另一方面，传统区位论和现代区理位理论相比，最显著的不同在于，传统区位论侧重于抽象的、纯理论的模型推导，单一的区位决策和静态的空间区位选择；而现代区位理论更为重视总体经济结构，其模型研究具有动态性，更接近现实，在实践中更具有可操作性。

区位理论的宗旨是揭示人类社会经济活动的空间法则。与一般经济学相比，其突出贡献就在于它关注了被一般经济学所忽视的空间问题，以成本最小化或利润最大化为目标，解释了完全竞争条件下资源的空间配置和经济活动的空间布局问题。区位理论开创了空间分析的先河，揭示了经济活动空间布局的基本规律。

（1）农业区位论中不同类型的农业生产围绕中心城市分布的"杜能环"，本身就是一种空间结构模式。

（2）工业区位论提出的集聚、扩散因子揭示了区域经济空间结构演化的基本动力。

（3）中心地理论和市场区位论所描述的空间网络体系在一定程度上反映了不同节点之间的相互关系以及空间相互作用。

（4）现代区位理论从宏观方面分析了区域经济活动的部门结构和空间布局，避免优势区位的累积强化和劣势区位的循环衰退，本身就是区域产业空间结构理论。

因此，区位理论奠定了区域产业空间结构理论的基础，对于区域产业空间结构研究具有重要的理论意义。

2.3 区域分工理论

区域产业空间结构的形成是区域分工的结果。所谓区域分工，是指一个国家内部各区域在充分利用区域内优势的基础上实行区域专门化生产，并通过区际交换实现其产品价值，满足自身对本区域不能生产或生产不利的产品的需求，从而扩大区域的生产能力，增大区域利益。区域分工理论包括绝对优势理论、比较优势理论、要素禀赋理论等，下面对这些理论逐一分析阐述。

2.3.1 绝对优势理论

绝对优势（Absolute Advantage）理论又称"绝对利益理论"或"绝对成本学说"，由英国古典经济学家亚当·斯密于1776年提出。亚当·斯密在他的名著《国民财富的性质和原因的研究》中提出关于地区分工和贸易的绝对优势理论。他指出，"为了他们自身的利益，应当把他们的全部精力集中使用到比邻人处于某种有利地位的方面，而以劳动生成物的一部分或同样的东西（即某一部分的价格），购买他们所需要的任何其他物品[36]"，这就清楚地表明了两国（或地区）生产成本和效率的绝对差异是分工和贸易的原因。按照斯密的理论，一个国家或地区在生产某一商品时，必须具有绝对优势，如果在贸易中，人人都遵循这样的原则——生产、出口自己最具有竞争力的商品，则参加贸易的每一个国家或地区都能换得更多的商品，使各个国家的资源都能得到充分、有效的利用，从而促进各国或各地区福利水平的提高。

斯密"绝对优势理论"的基本观点，简单地说就是：如果一国或地区生产某一商品的单位成本比其他国家或地区生产该商品的成本绝对地低，则该国或该地区在生产该商品中具有绝对优势；各国或各地区专业化生产和出口具有绝对优势的商品，进口具有绝对劣势的商品，则参与贸易的各方都会从中受益。

"绝对优势理论"对地域分工及产业布局起到了奠基性的作用，是生产力布局理论的思想渊源。但是，如果按照"绝对优势理论"进行区域分工，那么，一个没有任何绝对优势产品的地区岂不是就不能从贸易中获利？当然，现实并非如此，这就暴露了斯密"绝对优势理论"的明显缺陷和不足，需要新的理论对之进行解释，这就促进了比较优势理论的产生。

2.3.2 比较优势理论

比较优势（Comparative Advantage）理论又称"比较利益理论"或"比较成本理论"，由大卫·李嘉图在 1817 年出版的名著《政治经济学及赋税原理》中提出。李嘉图认为，由于资本和劳动力在国家之间不能完全自由流动和转移，所以不应该按照斯密所说的那样，以绝对成本的高低实行国际分工和开展国际贸易，而应按照他所提出的比较成本进行国际分工和国际贸易。李嘉图指出，如果两个国家的生产力水平不相当（如甲国任何一种商品的生产都处于绝对有利的地位，但有利的程度不同；而乙国在任何一种商品的生产上都处于绝对不利地位，但不利的程度也不同），但这两个国家之间仍可以通过国家分工和对外贸易相互得到利益。李嘉图发展了斯密的绝对优势理论，通过分析两个国家在单一生产要素禀赋上的差异，从理论上证明了比较优势的存在和贸易的互利性，奠定了比较优势学说的基础。

比较优势理论的核心思想是：一国或一地区生产不同产品的劳动成本可能比其他国家或地区都要高，因而不具有绝对成本优势，但只要成本差异的程度不同，各国或地区就能找到本国或本地区的比较优势。按照比较优势进行分工和贸易，能使各国或各地区的资源得到更有效的利用，产出水平和社会福利水平提高。比较优势理论确立的分工原则是比较成本，而非绝对成本，其本质是机会成本。以比较成本的高低来决定一国或地区生产什么和出口什么（例如，A、B两个国家或地区，A生产任何产品的成本都低于B，处于绝对优势；B则相反，处于绝对劣势。只要A、B两国或两地劳动生产率差异程度不同，则两国或两地生产同一产品的机会成本不同，可按照比较优势进行分工和交换，A、B都专业化生产各自机会成本低、具有比较优势的产品并出口），通过贸易，可以提高福利水平，节约社会劳动。

李嘉图的比较优势理论更符合当时的实际情况，因而被认为是古典学派成熟的国际分工与贸易理论。比较优势理论说明了没有绝对优势的国家或地区同样可以凭借其比较优势参与分工和贸易，扬长避短，并从中获得比较利益。这种理论为经济发展水平不同的国家或地区共同参与分工和贸易提供了理论依据，也是区域产业空间布局的理论渊源之一。不过，李嘉图的比较优势理论是建立在单一的劳动力要素之上的，该理论的依据是18~19世纪发展起来的劳动价值论，没有考虑到地区要素禀赋的客观差异，因而在解释错综复杂的地域分工现象时显得有些简单，未能指出一国或一地区比较优势的源泉。

2.3.3 要素禀赋理论

在斯密的绝对优势理论和李嘉图的比较优势理论中，无论是生产一种商品的有利条件还是生产多种商品的有利条件的比较，其尺度都是商品中的劳动力，劳动力是唯一的比较因素。而在实际的生产和贸易当中，除了劳动力以外，还有资本、土地、科学技术等生产要素，这就需要新的理论来解释因土地、资本等要素的不同所产生的地区间的贸易活动，"要素禀赋理论"也就应运而生。

要素禀赋理论由瑞典经济学家赫克歇尔（E. F. Heckscher）于1919年提出，后经其学生俄林（B. G. Ohlin）发展，因而这一理论又称"H-O模型"

或"赫克歇尔-俄林模型"。该理论是用生产要素的丰缺程度来解释国际贸易发生的原因和商品流向的理论,以新古典经济学作为地域分工和国际贸易理论的基础,用生产要素禀赋的差异导致的价格差异代替李嘉图的生产成本的差异,从而展开对地域分工和国际贸易活动的理论分析。

生产要素禀赋理论的基本思想是:各国不同生产要素的相对存量不同,这些不同的要素供给会影响到特定商品的生产成本。例如,资本供给充裕的国家会发现生产那些需要大量资本、少许劳动的商品比较容易,因而在这里生产并出口资本密集型商品拥有比较利益;相应地,劳动力相对充裕的国家会发现它生产劳动密集型商品具有比较优势。总之,每个国家和地区都应按照要素禀赋条件进行区域分工和专业化生产,通过分工,各国和各地区的福利水平得以提高,同时全世界的产出水平也相应增加。

要素禀赋理论以相对价格差异学说补充了斯密和李嘉图的地域分工论,成为现代国际贸易理论的权威。与李嘉图单一考虑劳动力因素不同,俄林把资本和劳动等生产要素分别加以考虑,认为国际分工中各个国家或地区应各自生产具有要素优势的商品,为不同国家确定各自的比较优势提供了依据,有利于比较优势的发挥和世界资源的有效利用,为分析贸易的福利效应奠定了基础,是比较优势理论的发展。

2.3.4 新贸易理论

20世纪80年代以来,以克鲁格曼(Krugman)、赫尔普曼(Helpman)和兰卡斯特(Lancaster)为代表的经济学家提出"新贸易理论"。与传统贸易理论一样,新贸易理论以产业为研究对象,将产业组织理论和契约理论融入贸易模型,揭示了国际贸易产生的原因和国际分工的决定因素,提出了最优贸易政策的思想和观点。

传统贸易理论都是在假定规模报酬不变的基础上,以比较利益为依据,用要素禀赋的差异来解释产业间的贸易。而新贸易理论则是在生产规模报酬递增和不完全竞争的条件下,研究产业内部的贸易规律。新贸易理论认为,贸易的产生不仅仅是由于存在比较优势,而且还受规模收益递增因素的影响，要素禀赋差异决定着产业间的贸易，而规模经济则决定着产业内部的国际（国内）贸易。新贸易理论对产业内贸易进行了深入的考察，将分析变量进一步细化到企业，将异质企业的贸易投资作为研究的重点。异质企业具有因生产效率不同而产生的异质性，以及因组织形式不同而产生的异质性。该理论认为，在不完全竞争的市场结构中，由于规模经济的存在，即使在各国的偏好、技术和要素禀赋都一致的情况下，也会产生相异产品间的"产业内贸易"。国家间的差异越大，产业间的贸易就越大；而国家间越相似，产业内的贸易量就越大。在贸易格局的决定上，新贸易理论认为"历史和偶然"也起重要作用，历史和偶然埋下了空间分工与差异的种子，而规模报酬递增则不断强化着贸易的既定格局。

新贸易理论不是简单地推翻和否定古典贸易理论，它认为传统理论仍然具有生命力，只是两者研究的侧重点不同而已。传统贸易理论以比较利益为基础研究产业间的分工与贸易，而新贸易理论以规模报酬递增和不完全竞争为基础研究产业内部的分工与贸易，对区域产业空间分工都有深刻的影响。

2.3.5 简要评述

区域分工理论主要阐述了区域分工的客观基础、区域分工的具体模式以及指导区域分工与贸易的众多理论。区域分工理论侧重从宏观方面说明在区域经济范围以及世界经济范围内，如何通过合理的分工与贸易提高资源的配置效率，这与古典区位理论从微观角度分析产业空间选址是不同的。区域分工理论对产业空间结构的研究主要从以下三个方面提供支撑：

（1）区域分工的客观基础，本质上也是产业空间分异的客观基础。资源禀赋的空间差异也是产业空间分异的前提，区位优势是区域特色产业形成的基础，而经济主体对经济利益的追求则是产业空间结构形成的内在原因。

（2）从单个区域来看，区域分工表现为在经济利益的驱动下，各地区根据自己的优势进行劳动地域分工，围绕专门化部门生产，形成一系列向前、后相关部门和辅助部门，促进产业集群发展，提升区域竞争力。

（3）区域分工理论揭示了产业空间结构的形成机理：国家或地区之间的差异导致了绝对成本、比较成本和要素禀赋等的差异，使不同产业在不同的空间有不同的配置，促进产业空间结构的形成。

但是，区域分工理论在分析产业空间结构的形成与演进时，也存在一定的局限性。比如，区域分工理论侧重于对产业空间结构的形成效果进行分析，而对产业空间结构是如何形成与演变的，其形成与演变方式是依据什么原则进行的等，缺乏对其系统有效的分析。另外，区域分工理论对产业空间结构的形成侧重于从要素禀赋角度分析，以成本（绝对成本、比较成本）、要素为准则研究地域分工，而对地域文化、民族特点、政策调控等对产业空间结构有着重要影响的因素缺乏深入、具体的研究。

2.4 区域产业空间组织理论

区域产业空间组织理论描述的是区域产业空间结构的形成过程。一个区域的产业组织及其空间布局需要有一定的理论来指导，在不同的理论指导下，往往形成不同的产业空间结构。

2.4.1 梯度推移理论

梯度推移理论是区域经济学家克鲁默（Krumme）、海特（Hayor，1975）等人在区域生命周期理论和产品生命周期理论（Vernon，1966）[38]的基础上提出来的。

克鲁默等人认为，区域经济的盛衰主要取决于区域产业结构的优劣，后者又取决于区域主导部门在生命周期中所处的阶段。如果主导部门处于创新和发展阶段前期，则该区域为高梯度地区。高梯度地区是产业创新活动集中的区域。随着时间的推移和主导部门生命周期阶段的变化，区域主导部门逐步趋于衰退并由高梯度地区向低梯度地区转移[39]。

梯度推移理论的主要内容有：（1）产业结构的优劣是区域经济发展的

核心。一个区域产业结构的优劣取决于地区经济部门（尤其是主导专门化部门）所处的发展阶段。若其处于创新或发展阶段，则该地区经济高速增长，人均收入水平快速上升，则该地区为经济发展的高梯度地区；反之，若其处于衰退阶段，则地区经济增长缓慢，人均收入水平下降，则该地区为经济发展停滞不前的低梯度地区。（2）创新能力决定区域梯度层次。产业部门的创新活动一般由高梯度地区开始，高梯度地区是产品创新的发源地，随着经济的发展和产品衰退期的到来，产业逐步由高梯度地区向低梯度地区推移。（3）梯度推移主要通过各级城市传递。创新在空间上的扩散有局部和大范围两种形式，产业推移相应地也有两种形式，即局部推移和大范围推移。局部推移指创新活动向经济联系密切的临近城市的推移，大范围推移则是指创新活动由发源地蛙跳式地向各级城市大范围扩散。此时，决定推移去向的不是距离，而是接受创新能力的程度。因此，第一梯度向外传播时，创新产业或创新产品只有第二梯度才能接受并消化吸收，并随着产品的成熟与老化，逐渐向第三、第四梯度的城市推移，直至乡镇、农村。（4）各区域所处的梯度是动态变化的。高梯度要保持其地位，就必须不断创新，建立新产业，创造新产品，保持其技术的领先地位。如果不创新，产品结构老化，就会演化为低梯度地区。相反，若低梯度地区能够持续有效地进行技术创新、体制创新，并吸引大量新技术和人才，促进产业高级化，便会演化成为高梯度地区。

梯度推移理论从客观实际出发，以不平衡发展规律为基础，承认区域间不平衡的现实，认为条件较好的地方应较快地发展起来，并通过产业和要素从高梯度到低梯度的转移，带动条件较差的地方发展。梯度推移理论在较长一段时间内对我国经济空间发展战略产生了重要影响。改革开放初期，国家鼓励条件较好的东部沿海地区先富起来，实行向东部沿海倾斜的区域发展政策。在东部地区经济获得巨大发展，同时开发西部的条件具备以后，国家政策逐渐向西部倾斜，实施西部大开发战略。这种战略的转变，正是梯度转移理论实践应用的有力证明。但在实践中，梯度推移理论也存在许多局限：首先，梯度标准比较单一。梯度推移理论往往以经济发展水平作为梯度标准，而忽视其他因素聚集形成的梯度分布（如地理梯度、技术梯度、产业梯度等）。其次，对梯度理论的研究集中于宏观层面，缺乏中观层面的研究。按照梯度推移理论，中国三大地带的梯度从东到西呈"单调递减"分布，其忽视了地带内部的差异，缺乏中观层面的探讨。

总之，随着客观世界日益复杂多样，梯度理论自身也需要改进和创新。（如随后出现了反梯度理论，即产业经济的流程不再是过去的从高梯度向低梯度扩散，而是反过来由低梯度向高梯度推移）。

2.4.2 增长极理论

20世纪50年代，在西方经济学界围绕平衡增长与非平衡增长的大论战中，"增长极理论"脱颖而出，其杰出代表是法国区域经济学家弗朗索瓦·佩鲁（Fransois Perroux）。佩鲁在《经济空间：理论的运用》（1950）、《略论增长极的概念》（1955）等著作中，最早提出"增长极"的概念，提出以"不平等动力学"或"支配关系"为基础的不平衡增长理论，并以次批判新古典增长理论的平衡增长观点。随后，布代维尔（J. B. Boudeville）、弗里德曼（Milton Friedman）、缪尔达尔（Gunnar Myrdal）等在不同程度上丰富和发展了增长极理论。

佩鲁指出："增长并非同时出现在所有地方，它以不同的程度首先出现于一些增长点或增长极上，然后通过不同的渠道向外扩散，并对整个经济产生不同的影响"[41]。佩鲁增长极理论的核心是：在经济增长过程中，由于某些主导部门或具有创新能力的企业与行业在一些地区或大城市的聚集，形成一个资本与技术高度集中、具有规模经济效益、自身增长迅速并能对邻近地区产生强大辐射作用的"增长极"，通过"增长极"地区的优先增长，然后以不同的渠道向外扩散，带动邻近地区的共同繁荣[40]。

增长极理论的出发点是区域经济发展不平衡的规律，无论是佩鲁的"增长极理论"，还是缪尔达尔的"循环累积因果理论"、霍希曼的"区际不平衡增长理论"等，其共同核心是，在区域经济发展过程中，经济增长不会出现在所有地方，总是首先在少数区位条件优越的点上不断发展成为经济增长中心（极或城市）。增长极具有极化效应和扩散效应两种作用，具体表现为四个方面：

（1）技术的创新与扩散。一方面增长极中具有创新能力的企业不断进行技术创新，推出新产品以及新的生产方式；另一方面它们又把自己的新技术推广出去，扩散到其他地区。

（2）产生规模经济效益。通过产业集群，扩大生产规模，形成规模经济，并向外溢出，形成外部经济。

（3）资本的集中与输出。增长极往往具有较大的生产能力，集中大量的资本，进行大规模的投资；同时为了满足自身发展的需要，通过支持其他地区或部门的发展，对其进行资本输出。

（4）形成聚集经济效果。增长极的产生，使人口、资本、技术等要素高度集聚，产生"城市化趋势"，形成经济区域。

增长极理论的政策含义是发展中国家或欠发达地区要实现经济发展，必须通过"增长极"自身的发展以及对其他地区或部门的影响，来带动整个区域经济共同发展。

增长极理论提出后，被许多国家用来解决不同区域的发展和规划问题。70年代以后，增长极理论曾广泛应用于发达国家和发展中国家，成为指导区域规划的重要工具。例如，1960年法国运用增长极理论颁布空间发展计划，选定八大城市地区作为"中型发展极"，以抑制巴黎中央地区的过度膨胀。增长极理论在发展中国家的应用也收到了良好的效果，如20世纪60年代，巴西将首都从里约热内卢迁到中部的巴西利亚，从而带动了中部的经济发展。增长极理论与模式对区域产业组织具有很强的指导作用，实际上它是同梯度推移理论与模式相对立的。

增长极理论是西方发展经济学非均衡发展理论体系中，具有代表性和广泛影响的学派。该理论采用动态非均衡和结构主义的分析方法来研究发展中国家的区域发展问题，揭示了区域经济差异产生的必然性，以及发达区域和落后区域之间极化与扩散的相互作用关系。增长极理论认识到经济发展在空间上表现出来的差异，以及不同的空间在经济发展中扮演不同的角色，这对于欠发达地区的经济发展具有一定的指导意义。但从各国的实践来看，增长极理论的运用也产生了一定的问题，主要表现为加速了"二元结构"的形成,加剧了区域间差距的扩大。很多国家的实践显示,增长极理论指导的区域发展政策没有引发增长极腹地的快速增长,反而扩大了它们与发达地区间的差距(尤其是城乡差距),所以20世纪70年代以来增长极理论的有效性倍受质疑。

2.4.3　点-轴系统理论

点-轴系统理论是在增长极理论和中心地理论的基础上发展起来的,是增长极理论与中心地理论的延伸。点-轴系统理论最初由波兰的萨伦巴和马利士提出,是波兰上世纪70年代区域发展的主要模式。我国学者陆大道等人在深入研究宏观区域发展战略的基础上,吸取据点开发和轴心开发理论的有益思想,提出了空间结构的点-轴组织模式。点-轴系统理论则是对区域空间结构优化与发展模式优化的理论概括。点-轴系统中的"点"是指具有较强的创新能力和增长能力、能带动区域经济发展的各类区域增长极,如中心城市和经济发展条件较好的区域;"轴"是指连接各增长极的线状基础设施,包括水路交通干线、动力供应线、水电基础设施供应线及沿线地带,对附近区域有很强的经济吸引力和凝聚力。

点-轴系统理论模式的主要思路是:(1)在一定的地域空间范围,选择若干比较优势明显的、具有开发潜力的重要线状基础设施经过的地带作为发展轴,并予以重点开发。(2)在各发展轴上确定重点发展的中心城镇,使之成为增长极,并确定其性质、发展方向和主要功能。(3)确定中心城镇和发展轴的等级体系,重点开发较高级别的中心城市和发展轴,随着区域经济实力增强,开发重点逐步转移扩散到级别较低的发展轴和中心城镇,最终形成由不同等级的发展轴和中心城镇组成的多层次结构的点-轴系统,进而带动整个区域的经济发展。点-轴开发模式往往成为开发程度较低、经济比较落后的地区首选的空间开发模式。

从点-轴系统的形成过程来看,区域经济的成长总是首先集中在少数条件较好的城市或企业所在的区位,并呈点状分布,同时在离中心不同距离的位置形成强度不同的新集聚点,这种集聚点就是区域的增长极,即点-轴系统中的"点"。随着经济的发展，工业集聚点逐渐增多，点和点之间，由于生产要素交换的需要，运用交通线路、动力供应线、通信线等相互连接起来，这就是"轴"。这种轴线首先主要是为工业点服务的，但轴线一旦形成，对人口、产业也具有吸引力，吸引人口、产业等生产要素向轴线两侧集聚，并产生新的点，点轴贯通就形成了点-轴系统，其形成过程如图 2.6 所示。

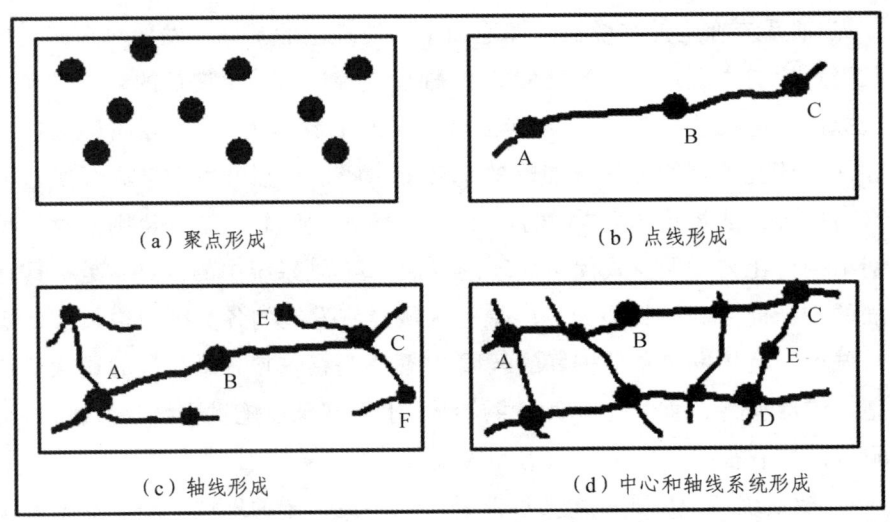

图 2.6　点-轴系统模式形成过程示意图

根据中心地理论的基本原理，区域内城市是可以分等级的；同样，点-轴系统也有不同的分等级。在区域经济发展过程中，最早出现并获得快速增长的中心城市之间的点-轴系统规模最大，在其后出现的社会经济总量不太大的中小城镇之间的点-轴系统规模则相应较小。一般来讲，在一个国家或地区内，一级发展轴通常只有少数几条，而次级发展轴则纵横交错，数量较多。在区域经济发展过程中，各等级的发展轴往往相互依赖，如果高等级的发展轴所经过的地方没有次一级的发展轴与之相连，则高等级轴线对该地区经济社会发展的促进作用就受到限制；同样，高等级轴线本身的产业带发展和成熟也离不开次级发展轴的发展。

国内外大量实践表明，点-轴系统理论是产业空间组织的重要理论，点

-轴模式是产业空间组织的有效形式。以我国沿海和沿江地区为一级发展主轴形成的"T"型开发格局、陆玉麒提出的"双核"结构、高速公路经济带以及"沿线""沿江"开发等都是点-轴系统理论的具体应用。

2.4.4 核心-边缘理论

核心-边缘理论由弗里德曼（J. R. Fridemna）于1966年在他的学术著作《区域发展政策》（Regional development poliy）中首次提出。1969年，他在《极化发展理论》中，又进一步将"核心-边缘"这个具有鲜明特色的空间极化发展思想归纳为一种普遍适用的、主要用于解释区域或城乡间非均衡发展过程的理论模式。该理论又被称为中心-外围理论和中心-边缘理论。

弗里德曼认为，任何空间经济系统都是由不同属性的核心区和外围区组成的。核心区是指少数创新中心，这里资本集中、技术水平较高、工业发达、人口密集，往往是城市或城市集群区；边缘区是指核心区以外的区域，相对于核心区而言，经济较为落后。核心区与边缘区相互依存，共同构成一个完整的空间系统。

关于核心区与边缘区的关系问题，弗里德曼经过研究指出，核心区是区域内"少数变革中心"，会不断出现创新，并主要通过以下五种自我强化反馈效应，不断加强其对边缘区的支配地位：① 支配效应，即通过自然资源、资本资源、人文资源向核心区的转移，不断削弱边缘区的经济；② 信息效应，即核心区因人口密集、交通便利，加快了信息交流和创新传播的速度；③ 示范效应，即核心区存在创新的有利条件，对未来潜在的创新起到示范作用；④ 连锁效应，即某一创新导致其他创新活动产生的效应；⑤ 集聚效应，即核心区的规模经济和外部经济导致成本降低，产生集聚效应。在这些效应的作用下，核心区经济迅速地发展起来，则外围地区则可能被弱化。

同时，弗里德曼还将经济发展的特征与经济发展阶段联系起来，认为在经济发展的四个阶段中，相应的空间组织也表现为四种形式：① 前工业化阶段。资源要素流动较少，区际之间经济联系松散，虽已存在若干不同等级的核心区，但区域之间彼此孤立，缺乏联系。②工业化起始阶段。边缘区的要素大规模地向核心区运动，核心区的发展进入起飞过程，核心区与边缘区的经济差距逐渐拉大。③工业化成熟阶段。核心区的要素开始向边缘区扩散，边缘区开始出现次级中心，二者的差距开始缩小。④后工业化阶段。资源要素在整个区域内全方位流动，边缘区的次级中心发展到与原中心区相近的规模，边缘区消失甚至出现区域空间一体化格局，各区域开始了有关联的平衡发展。

核心-边缘理论本身是试图解释两个区域如何由彼此孤立、互不联系发展到彼此联系、相互依存的过程，后来该理论阐述了在区域的不同发展阶段区域空间结构的演变规律以及核心区、边缘区产业空间组织的变化过程。核心区与边缘区空间结构变化的实质是区域产业空间结构的变化，而始终贯穿于区域产业空间结构变化过程的是集聚与扩散机制。

2.4.5 产业集群理论

产业集群是指在一个特定区域的特定领域，众多具有分工合作关系的、不同规模等级的企业，和与其相关联的机构、组织等，通过垂直关联或水平关联紧密联系在一起的空间网络集聚体。产业集群使企业共享区域公共设施、市场环境和外部经济，降低了企业的信息交流和物流成本，产生集聚效应、规模效应和外部效应，这种空间经济组织形式具有的群体竞争优势和集聚发展的规模效应是其他形式无法比拟的。美国国际竞争领域研究的权威学者迈克尔·波特（Michacle Porter）将产业集群定义为"同处于一个特定产业领域的、相互联系的公司和相关组织的地理集中现象"。产业集群理论是20世纪90年代由迈克尔·波特创立的。而对产业集群内在机理的研究，最为典型的是马歇尔（Alfred Marshall）的产业区理论、熊彼特（Schumpeter）的技术创新理论和波特的钻石理论。

马歇尔的产业区理论对于集群竞争力的分析，主要是从产业区劳动分工和外部规模经济来论述的。马歇尔在其著作《经济学原理》（1890）中提出了"内部规模经济"和"外部规模经济"两个重要概念。外部规模经济是指在特定区域内由于某种产业的集聚所引起的区域内企业生产成本整体下降的现象，产业集群正是基于外部规模经济形成的。马歇尔认为，这种外部规模经济往往是因为许多性质相似的企业集中在特定的地区而形成的，他把这种专业化产业集聚的特定地区称为"产业区"。企业集聚在产业区内，可以降低劳动力的搜寻成本和辅助生产成本，通过人与人之间的关系促进知识、信息溢出，知识、信息溢出使产业区内企业的生产效率高于单个分散的企业。同时，协同创新的环境也促进企业集聚的发展。

熊彼特的技术创新理论主要从技术创新和扩散的角度来研究产业集群。熊彼特认为，创新不是孤立的，而是趋于集群的，产业集群就是基于技术创新及其扩散而诱发关联性产业部门趋于集群。一方面，一旦有创新成功，就会有众多效仿者，促进创新扩散；另一方面，创新并非均匀分布于整个系统，而是倾向于集中在某些部门及其临近部门。从熊彼特的观点来看，有两点认识极为重要：一是要认识到首次创新的艰难，如果首次创新成功，对后来者在观念上、信息上和行动上都有极大的激励作用；二是要认识到创新是一个学习过程，首次创新的失败教训和成功经验，对后来者都是一个重要的借鉴。有了这两点认识，会诱导后来者蜂拥而至，形成技术创新的集群现象。

波特的钻石理论从竞争力角度来分析产业集群。波特认为，决定一个国家某种产业的竞争力高低有四个基本因素：①生产要素，包括人力资源、天然资源、知识资源、资本资源、基础设施等；②需求条件，主要指本国市场的需求；③相关产业和支持产业的表现，即这些产业和相关上游产业是否有国际竞争力；④企业的战略、结构、竞争对手的表现。波特认为，这四个要素具有双向作用，形成"钻石体系"如图2.7所示。在四大要素之外还存在两大辅助要素：机会与政策。机会是无法控制的，政府政策的影响是不可漠视的。波特国家竞争优势理论的中心思想，是一国兴衰的根本在于其在国际竞争中是否赢得优势。它强调一个国家不仅需要所有的行业和产品都参与国际竞争，并且要形成国家整体的竞争优势，而国家竞争优势的取得，关键在于上述四个基本要素和两个辅助要素的综合作用。

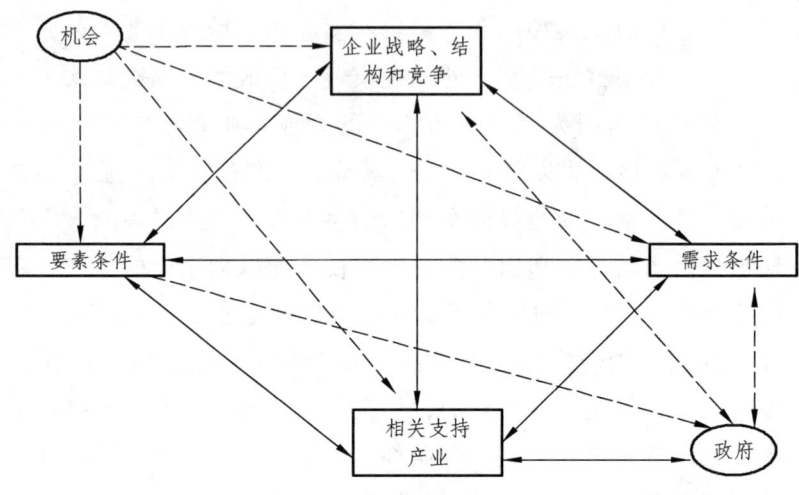

图 2.7 波特的"钻石体系"模型[68]

产业集群的空间集聚优势可以从三个不同角度来分析：①从纯经济学角度，产业集群主要是着力于外部规模经济和外部范围经济，不同企业分享公共基础设施并伴随垂直一体化与水平一体化利润，大大降低了生产成本，形成产业集群价格竞争的基础；②从社会学角度，主要从降低交易费用角度，产业集群建立在共同产业文化背景下的人与人之间信任基础上的经济网络关系，这样可以维持老顾客，吸引新顾客和生产者前来；③从技术经济学角度，产业集群研究集群如何促进知识和技术的创新及扩散，实现产业和产品的创新等。

2.4.6 简要评述

区域产业空间组织理论侧重于从空间组织的角度研究区域产业空间布局及其演变规律，从而为区域产业空间结构优化提供理论支撑。

（1）增长极理论将增长极与城镇体系联系起来，使产业空间布局有了明确的地理指向，通过增长极的培育，再由点-轴系统理论将增长极与交通基础设施联系起来，形成网络布局，通过核心区的发展带动边缘地区的发展，从而实现区域经济的一体化发展。

（2）区域产业空间组织理论揭示了区域的不同发展阶段，产业空间组织有不同的形式，核心-边缘理论更是具体地指出区域发展的四个阶段以及产业空间组织的四种不同的形式，并说明了四个时期产业空间结构的变化特点，表明经济空间结构随产业组织的变化而变化。

（3）在研究区域产业空间组织的过程中，贯穿这一研究始末的是集聚与扩散两种机制。集聚是产业空间存在的基本特征，产业集聚往往是基于产生规模经济效应的需要，使产业向中心地区集中；而扩散表现为一种离心运动，产业空间向外扩展、蔓延，创新行为向其他地域空间传播。集聚和扩散往往交叉同步进行，集聚中有扩散，扩散中有集聚，只是在不同时间、不同地点，主次因素不同而已。

然而，上述产业空间组织理论在实践应用中也存在一定的局限性。例如，增长极在极化过程中产生引力，促使周边地区的自然资源、资本资源、人文资源等转移到极化地区，同时极化地区的高速增长势头又不能与周边地区分享，结果是拉大极化地区和周边地区的经济差距，加剧了区域的"二元"结构。又比如，点-轴系统理论往往适用于发展中地区，同时，点-轴系统理论中的城镇等级虽在理论上可以确定，但在实践中，划分标准难以统一，以致影响这一理论的实际应用。

3 区域产业空间结构的形成与演化机制

要研究区域产业空间结构,应在理论分析的基础上,对产业空间结构的形成与演化机制进行分析,了解其空间结构形成与演化的原因。本章主要从区位自然禀赋机制、集聚机制、扩散机制、产业结构演变机制、基础设施网络化机制、政府宏观调控机制等几个方面探讨产业空间结构的形成与演化。

3.1 机制的概念辨析及其架构

3.1.1 机制的定义与内涵

"机制"一词最早来源于希腊。1999年版《辞海》对"机制"是这样定义的:机制,原意是指构造和动作原理,具体指机器的运转过程中各个零部件之间的相互联系、相互作用的因果关系及机器工作方式。从"机制"的本义来看,机制包含两个方面的内容:一是机器由哪些部分组成以及如此组合的原因;二是机器在这样的组合下如何工作以及这样工作的原因。

机制的本义引申到不同的领域,就产生了不同的"机制"。如引申到生物、医学领域,就产生了生物机制和病理机制;引申到社会、经济领域,就产生了社会机制和经济机制。从系统论的角度来看,机制就是客观事物或现象的若干组成要素聚合为具有特定结构和功能的有机整体的联系法则。因此,系统论中的"机制"一词有三个基本内涵:一是指系统各组成要素的相互关系，即结构；二是指各组成要素在有规律的运动过程中所发挥的作用、效应，即功能；三是指各组成部分发挥功能的作用原理和作用方式。

3.1.2 产业空间结构形成与演化机制架构

区域产业空间结构形成与演化机制是指区域内部、外部各种力量相互作用的因素在空间上的反映，而区域产业空间结构就是各种力量相互作用之后产生的合力的结果。

分析区域产业空间结构的形成与演化机制，主要是了解影响和决定产业空间分布及其组合的内在因素的运作方式。首先要明确影响区域产业空间结构形成的因素究竟是什么，其次要知道这些因素是如何相互作用并影响区域产业空间结构的，包括这些因素的作用点、作用方式、作用结果以及相互关系等。区域产业空间结构形成与演化机制，在通常情况下，可归纳为三大类：

（1）区域本身的地理客观机制，包括区域的经济发展基础、自然资源条件、位置条件、交通基础设施条件、人文社会条件等。

（2）市场自组织机制，其作用方式是基于市场机制中的价格机制、竞争机制和供求机制，以利润最大化为原则，把区域的主要经济要素和经济活动联系起来，形成不同的空间格局。

（3）政府调控机制，指政府通过行政、经济和法律手段，组织和协调区域经济活动，以达到资源要素空间优化配置的目的。

当然，在特殊情况下，影响区域产业空间结构形成与演化的因素还有自然灾害、人类战争等特殊机制。本书对区域产业空间结构形成与演化机制的分析，是基于通常情况下的分析，暂不分析自然灾害、人类战争等特殊机制对产业空间结构形成与演化的影响。

需要说明的是，在实践中，常规情况下的这三大类机制通常相互影响，交叉融合，要想完全分开往往是很困难的，例如，聚集与扩散机制，可能既有市场自组织机制作用下的集聚与扩散，又有可能是政府宏观调控机制作用的集聚与扩散；而交通基础设施的发展可能既有市场作用，又有政府调控作用。但对于广西北部湾经济区而言，作为国家提出的西部首个沿海经济开发区，政府调控机制对产业空间结构形成的影响是显著的，故本节在阐述集聚与扩散机制、交通基础设施机制的同时，仍将政府调控机制单列出来，分析它对产业空间结构形成与演化的影响。

以下是影响区域产业空间结构形成与演化的主要机制架构（见图3.1），但本书分析的只是通常情况下的三大类机制中的各分支机制。

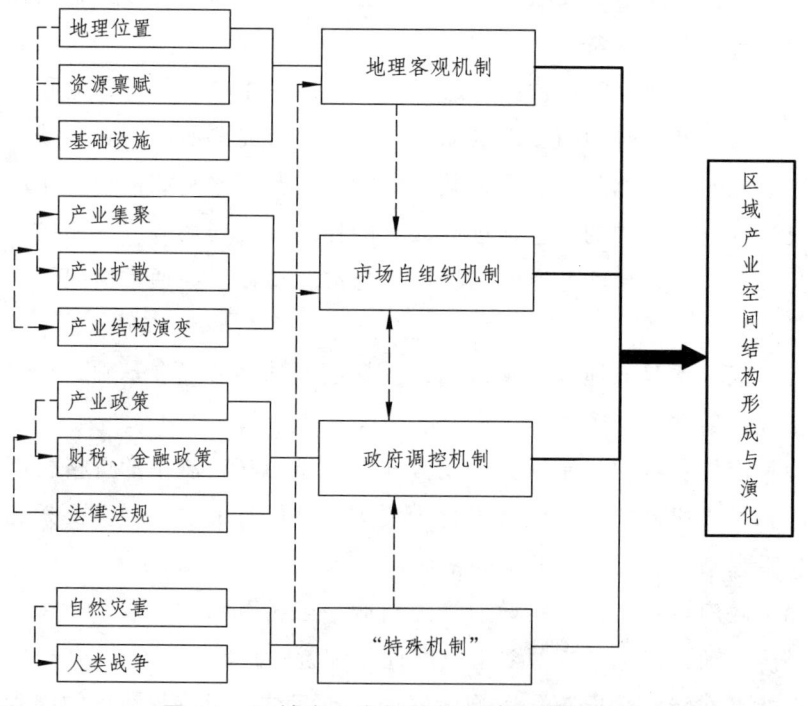

图3.1 区域产业空间结构形成与演化机制

3.2 地理客观机制之区位自然禀赋机制

3.2.1 区位的含义

区位一词来源于德语"standort"，英文于1886年译为"location"。所谓区位是指某一主体或事物所占据的场所及事物之间的彼此联系，从区域经济学的角度讲，就是人类为了生存、发展进行各种社会经济活动的区域空间。区位和位置不同，区位除了有位置的概念外，还有区的概念，即一方面指事物所在的位置，另一方面又指事物之间的空间联系。从这个意义上讲，这里的区位更确切地说是指经济区位，涵盖了地理因素和社会经济因素。例如，农业生产及其联系所占据的场所即为农业区位，工业生产及其联系所占据的场所即为工业区位。

构成区位的几何要素包括点、线、面三个方面。点为几何上的确定位置，以地理坐标加以标识，形成点区位，如河川汇集点、交通线衔接点、山岭至高点等；线为几何上的确定线段，以走向和长度来度量，形成线区位，如河川线、海岸线、边境线、交通线等；面为几何上的确定范围，以形态和面积来度量，形成面区位，如流域、海域、地貌单元。区位的地理实体则包括网络、地带和地域类型。网络是点、线区位要素结合而成的实体，其中点是网络的核心，线是节点之间功能联系的通道；地带为线、面区位要素结合而成的实体，如温带、热带、植物带、作物带、工矿带；地域类型为面、点区位要素结合而成的实体，如沙漠区、沼泽区、丘陵地区、平原等。

区位优劣取决于各地区的获利差异。在一定的经济系统中，由于社会经济活动的相互依存性、资源空间分布的非均衡性以及分工、交易的地域性等特征，各个地区具有不同的市场约束、成本约束、资源约束和技术约束，从而具有不同的经济利益。这种经济利益差异，决定了区位的相对优劣。根据艾德加. M. 胡佛的总结，决定一个区位的相对优劣有四类因素[43]：① 地区性投入，指该区位上不易转移的投入的供应情况，即某一区域所特有的、难以从他处移入的原料、供应品或服务等。区域性投入越大，区位优势越明显。② 地区性需求，即该区位上对不易转移的产出的需求状况。地区性需求越大，冰山运输成本①越少，区位优势明显。③ 区外投入，指从

---

① 冰山运输成本意指如果在其他区域出售一个单位地产品，则必须从本地运出 t 单位产品（t≥1），也就是说有 t-1 单位产品在运输途中"融化"掉了。

外部供给源输入该区位的可转移投入的供应情况。交通便利、政策优惠等因素会使区外投入越多，区外优势越明显。④区外需求，指可以向外部市场销售的可转移产出中得到的净收入情况。区外需求越大，越易形成专业生产，区位优势越明显。

3.2.2 自然禀赋机制

如前所述，区位因素涵盖了社会经济因素和地理因素。社会经济因素如交通通信条件、技术条件、政策条件、产业发展情况等，这些因素在后面的论述中会涉及，本节只分析由地理因素决定的自然禀赋因素对产业空间结构的影响。

区域自然禀赋包括了自然条件和自然资源。自然条件，从广义上讲，包括自然资源；从狭义上讲，则是指除自然资源以外的所有影响产业空间结构的因素，如自然地理位置、地质条件、地貌条件、水文条件、气候条件、土壤生物条件、生态环境等。自然资源是指在自然界中，一切能被人类利用的自然物质要素，包括地壳的矿物岩石、土壤覆盖物、地上与地下资源、海洋资源、水资源、太阳光能、热能、降水以及生物圈的动植物等。

区域自然禀赋是区域经济增长的基本条件和物质基础，但它们影响区域经济增长和发展的落脚点还在于影响区域的产业结构和分布，从而影响区域的产业空间结构。各个经济区域的产业空间模式多种多样，其形成原因也是多方面的，自然禀赋的地域分布状况是其重要原因之一。

自然禀赋直接影响农业和采矿业的发展与分布。农业和采矿业的劳动对象是直接的自然资源，各种资源组合状况和分布直接决定着农矿业的发展和布局，在某一区域，是种植水稻、玉米，还是烟叶、茶叶，农业结构是以种植业为主，还是以畜牧业为主，这些都直接取决于区域的自然条件。区域内各种矿产资源的赋存情况、储量、品位等自然丰饶度，决定着各种资源开发的规模和时序安排。自然禀赋还间接影响原材料工业和其他加工工业的发展和布局。自然禀赋对原材料工业及其加工业的影响，主要是通过农矿业发挥作用的。其中，材料工业、重型机械以及以农业原料为主的轻纺工业和食品工业的发展布局受自然条件、自然资源的影响较大，这些工业一般都分布在工业自然资源基地和农业自然资源丰富的区域。

当然，区位自然禀赋对产业空间结构的影响，也应从以下三个方面具体分析：

（1）遍在性的自然条件和资源，如土地、水、大气等。这些条件和资源在地表陆地上比比皆是，只是个别地段出现短缺，这些因素对产业布局没有影响或影响不大。

（2）偏在性的自然条件和资源，如特定的气候和土壤区。这种因素对工农业布局有相当大的影响。

（3）局限性的自然条件和资源，特殊的自然条件的组合。例如，橡胶生产的环境和玫瑰花生产的环境，它们的要求比较严格，在世界上只限于一些特定地区与地段；此外，作为工业原料和动力的自然资源（如煤、石油、铁矿石等），具有一定的赋存条件，它们在国别甚至世界范围内分布不平衡，具有储量的限制。作为局限性自然资源，它们的分布，往往对工业布局有决定性的影响。

但是，自然禀赋只是区域产业空间结构演化的充分条件，并非决定区域产业空间结构演化方向的决定性因素。自然禀赋对区域产业空间结构的演化曾起过重要的促进作用，特别是对农业和工矿业的布局产生了重要影响。但随着科学技术的进步，交通运输条件的改善，自然禀赋对区域产业空间结构和区域经济发展的影响力正在逐步下降。有些国家和地区自然资源虽然贫乏，但也形成了高度发达的产业空间体系，经济发达。例如，日本利用海上运输工具，加快工业发展，使其太平洋沿岸地域发展成为大的工业带。相反，有些国家和地区自然资源很丰富，但资源优势并未转化为经济优势，产业结构水平低，仍处于落后贫穷的状态[17]。

3.3 地理客观机制之基础设施机制

交通基础设施与产业空间结构密切相关。在经济快速发展、交通网络基础设施、交通通信条件日益改善的区域，交通通信因素对于区域产业空间结构的形成与演化的促进作用是显著的。交通运输路线是区域基础设施的骨架，也构成了影响区域产业空间结构的一个重要因素。

3.3.1 交通运输网络基础设施机制

交通运输网络是社会经济活动中地理空间联系的纽带，是社会地域分工的基础，区域产业空间结构的形成与交通运输网络密切相关。在经济快速发展的今天，交通网络逐渐完善，赋予了城市及周边区域更为快捷的流通渠道，交通因素对区域产业空间结构的影响也日益显著。

国外早期的区域空间结构经典理论都离不开对交通运输因素的分析，主要涉及运输距离、运输单价、通达性和运输方式等。杜能的农业区位论和韦伯的工业区位论都特别强调地理位置与自然条件对运输成本的影响，他们认为运输成本的差异决定了工农业的成本收益差异，运输成本问题是工农业区位选择的核心问题，并把区域发展问题首先归结为运输成本问题。克里斯泰勒的中心地理论则专门从交通原则出发研究中心地的等级序列，廖什的市场区位论认为运输成本和聚集经济一起决定了市场的辐射范围和市场的规模等级。克鲁格曼、藤田等的新经济地理学将冰山运输成本引入模型，在权衡规模报酬和运输成本后推导出中心-外围模型，同样强调了运输成本对区域空间结构的影响。

交通运输条件影响空间结构的作用机制体现为交通条件的改善。交通条件的改善提高了空间的可达性戴尔维和马丁将其定义为在一种特定的交通系统中从某一区位到达任一土地使用活动地点的便利程度）和对外联系的便捷度，改变了交通沿线的土地价格及土地使用功能，从而影响空间结构的形成与演变。影响区域空间结构变化的交通因素主要有交通设施的稀缺性、交通设施建设的时序以及交通方式组合的便捷度。

（1）交通设施的稀缺性决定了它被使用的强度，稀缺性越高，人们使用的可能性越大，这一交通对区域的价值就越高。拥有稀缺交通设施的城市和地区无疑在区域发展中抢占先机，提高了自身在区域中的地位，进而影响其空间结构的变化。

（2）区域交通设施优先建设的城市和地区，能更便捷地获取区域间的流动要素，获得发展先机，从而推动区域空间结构重组。

（3）交通方式组合便捷度越高的城市和地区，能够利用较少的时间成本，吸引各种发展要素，实现自身发展，从而影响区域空间结构的演化。

交通发展水平制约着一个国家或地区经济要素与外界之间的联系水平，因此所有发达国家在进入工业化之前都进行了大规模的交通基础设施建设，证明了交通运输设施的改善确实是经济起飞的必要条件。在区域交通规划中，科学布局稀缺性的交通设施，合理选择交通方式及建设时序，才能形成高效率、高效益的区域空间结构，推动区域经济的整体发展。

3.3.2 信息网络基础设施机制

第二次世界大战以来，世界发生了以信息技术的发明和应用为标志的第三次科技革命——信息革命，特别是自20世纪90年代以来，以信息高速公路为代表的信息化革命浪潮席卷全球，信息革命成为推动经济增长和社会进步的重要力量。信息革命不但加快了世界经济全球化的步伐，而且正深刻地影响甚至改变着政治、经济和社会生活的方方面面，使人类社会由工业社会步入信息社会。不可否认，信息革命也将对产业空间结构产生根本性的影响。

在信息社会，知识成为重要的生产要素，制造业和服务业逐渐一体化，土地使用价格和交通运输成本在产品中的比重越来越低，集聚不经济现象可能发生变化。信息高速公路大大缩小了人们的时空距离，使光缆所到之处在地域上连为一体，城市文明迅速传播，工业社会里繁华的市中心、高耸的建筑群、稠密的人群将可能让位于信息社会里分散化、小规模、高智能的都市形态[18]。信息网络基础设施的发展对区域经济空间结构可能带来分散与集中的双重影响。一方面，信息技术的发展使网络办公、会议、教育、商贸成为日常活动，传统的以集聚为特征的都市生活工作模式将被灵活、自由、分散的模式所取代，虚拟空间进入人们的生活，市区的吸引力大大降低,而环境优雅的郊区、远郊区的吸引力上升,城市向郊区延伸,推动城市规模的扩大,产生城市带和城市群;中心城市的功能可能会出现弱化,除了总公司仍集中于市中心外,大量的生产单位从总部分离出来,布局于交通、通信轴线附近,使区域空间结构分散化。另一方面,由于生产和生活方式的改变以及通信和交通方式的进步,人口和产业的空间布局有了更大的选择余地,城市和区域经济活动重新整合,区域内城市之间的联系更为密切,大城市将由单一中心向多中心演化,集聚形式发生改变,形成多功能组合的经济板块空间结构。

具体而言,信息网络基础设施对区域空间结构的影响主要有以下几个方面:

(1)推动区域经济空间结构合理化。信息技术改变了传统经济运行模式,通过生产与消费的直接对接,形成小批量、多品种、零库存的"柔性生产"模式。同时,在公司组织管理上,数字化管理、无纸化办公广为流行,交易活动开始依赖网络电子商务交易平台。在此基础上,经济活动空间大大拓宽,城市产业和生产要素外迁,出现新的制造区,促使城市经济空间结构发生改变。

(2)推进区域经济空间结构高级化。随着信息网络基础设施的完善,时空距离对各种经济活动的空间位置约束大大减小,信息时代便捷的通信网络取代空间可达性因素,成为占主导地位的影响因素,使得区域间的时空距离以及区域间的界限淡化与模糊[44]。原有的"核心-边缘"空间结构模式逐步发展成为复杂的、功能上一体化的区域网络体系,形成多中心、多层次、组团型的发展模式。

3.4 市场自组织机制之集聚与扩散机制

增长极理论认为,集聚与扩散是区域经济发展和空间结构演化的两种基本力量。作为经济空间演化的两种基本形式,集聚与扩散是同一过程的两个方面。经济主体(企业、经济部门等)在特定区域产生集聚的同时,必然向其他区域产生扩散；反之，经济主体在扩散时也必然存在向其他区域的集聚。

3.4.1 集聚的内涵与动力

集聚是指各种自然资源、经济资源及其经济活动主体等在地理空间上的集中趋向与过程[45]。具体地说，产业集聚是指在一个适当大的区域范围内，生产某种产品的若干不同类型的企业，以及为这些企业提供配套服务的上下游企业和相关服务业，在一个具有相对区位优势的地点集聚，并使该点逐步演化为增长极核的过程。在集聚过程中，各个经济主体按照比较优势的原则选择地理区位，目的是使经济主体因距离产生的费用达到最小，并使生产效率和相互交流频率达到最大。产业集聚的类型有指向性集聚和经济联系集聚。指向性集聚是指为了充分发挥地区的优势而形成的产业（企业）群体，如劳动力廉价地区、原材料集中地、市场集中区或交通枢纽节点。经济联系集聚是指为了加强地区内企业之间的纵向和横向联系，使各种关联企业在特定地域集中而形成的产业（企业）群体。

集聚的根本动力来源于人类经济活动对集聚效应的追求，聚集效应主要有以下几个方面：

（1）规模经济效应。规模经济包括内部规模经济和外部规模经济，内部规模经济是指因企业自身的规模扩大，专业化水平提高等原因，使长期平均成本随着产量的增加而递减的经济效益；外部规模经济是指产业集聚的外部经济效应。英国经济学家马歇尔发现，集中在一起的厂商通过行业在区域内的分工与合作，比离群索居的厂商更有效率（外部经济），这主要体现在：① 有助于上下游企业原料产品的搜索成本和交易费用都减少，提高其谈判能力，能以较低的代价从政府及其他公共机构处获得公共物品或服务，降低生产成本；② 通过生产链的分工细化，有助于推动企业群提高协作效率，并及时了解本行业竞争所需要的信息。

（2）创新效益。企业的创新往往来源于企业与企业之间、企业与用户之间的互动，产业集聚可以促进创新。集聚为创新提供了更多的机会，使企业能够更方便地接近市场，了解顾客的消费倾向，更容易发现其产品或服务的缺点，研发新的产品。由于集聚，不同公司员工之间接触沟通的机会增多，有助于相互间的思想碰撞而产生创新思维，从而减少企业的学习成本，强化企业间的技术溢出效应。因此，产业的空间集聚对产业创新起到了至关重要的作用[42]。

（3）竞争效益。产业集聚加剧了竞争，而竞争是企业获得竞争优势的重要来源。竞争不仅仅表现在对市场的争夺，还表现在其他方面，如同处一地区的同行业企业有了业绩评价的标尺，可以相互比较。这给企业带来了创新的压力与动力，迫使企业不断降低成本，改进产品并提高服务，追赶技术变革的浪潮。

3.4.2 扩散的内涵与动力

扩散是指自然资源、经济要素以及相关经济活动主体在地理空间上的分散趋向与过程。经济要素逐步由极核区域向外围扩散渗透，形成离心运动。具体到产业扩散，可将它视为企业大量从集中地外迁的行为，但这种行为并非个别企业的扩散，也不单纯是向周边临近地区的扩散，其扩散范围也可以跨越周边区域而在更大范围内进行。产业的扩散运动是扩散推力和拉力共同作用的结果，推力来源于集聚过度所产生的聚集不经济，拉力来源于核心区外的区位优势所带来的比较利益。

扩散的动力（原因）在于对集聚过度所产生的规模不经济的规避、产业的区位要求和对新空间集聚利益的追求。总结起来，形成扩散效应的动力机制主要有以下几个方面：

（1）规避聚集不经济。当集聚规模超过一定限度时，就会出现集聚不经济的现象。该现象主要表现在相关企业的过度集中而存在资源、劳动力等生产要素利用方面的竞争越来越激烈，当运行成本超过收益时，一些企业、经济部门为避免集聚不经济而从原集聚的地方迁移出来，同时也会引起相关的资源、产业以及资本、技术、人才等要素的扩散，产业的被动外溢就是源于这种因素。

（2）极核的推动与外溢作用。极核一般是区域产业特别是主导产业的集聚地，随着集聚效应的增强，主导产业不断发展壮大，从而对农副产品、矿产产品等初级原材料的需求越来越大。为此，极核地区必须通过对外投资、技术转让等多种方式，促进其他地区增加这些产品的生产以满足自己的需求，客观上带动了极核外围地区的发展。除了极核的推动作用以为，极核地区的企业和部门为了寻求新的发展机会，主动在其他地区建立分支机构或新的发展据点，产生外溢效应，也促进产业向外扩散。

（3）政府的干预作用。为了解决集聚区域因经济活动过密、人口膨胀而引起的各种经济社会问题，同时为了协调区际经济关系、缩小区际差距，政府会出台一系列政策，引导和鼓励经济要素、企业部门由集聚区向四周扩散，促进产业转移，诱发扩散。

3.4.3 集聚与扩散的空间表现及其影响

1. 集聚的空间表现及其影响

集聚的方式是多种多样的，其展开过程在地域空间上的表现大致有三种（见图 3.2）：（1）波状集聚，即生产要素逐步由外围向核心集聚，主要发生在较大区域之间，特别是全国范围内发达地区与落后地区之间；（2）向心集聚，即一个节点中心的周围地区向节点中心的集聚，主要发生在一个区域的内部；（3）等级集聚，即规模较小的节点中心向规模较大的节点中心的集聚。当然，这些集聚方式往往是同时存在，同时起作用的。

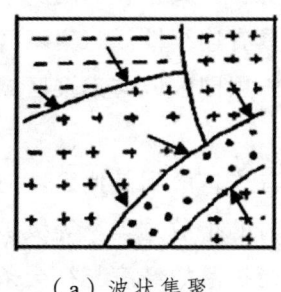 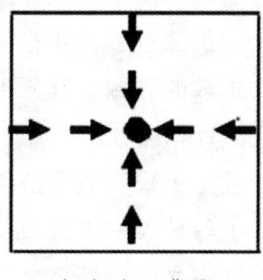 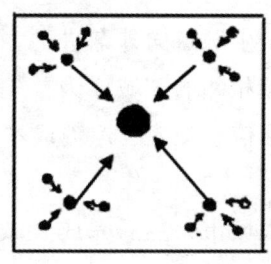

（a）波状集聚　　　　（b）向心集聚　　　　（c）等级集聚

图 3.2　集聚的空间表现形式示意图[37]

集聚机制引起区域经济空间结构变化，其影响主要有以下三个方面：① 促进城镇等级体系的改变。集聚促进资本、人才等生产要素以及相关企业部门向优势区位迁移，产生新的经济增长中心，形成新节点，促进城镇等级体系的改变。② 强化本地区的区位优势。集聚促进本地区的自然资源、人文资源等经济要素充分利用，并不断吸引新资源和生产要素的集聚，提高地区的专业化生产水平，强化其区位优势，提高区域竞争力。③ 加剧空间发展的不平衡性。集聚会促使核心区与边缘区在经济发展上出现空间分化，使发达地区与落后地区、城市与农村、专业化地区与一般地区之间形成发展关系上的"马太效应"，即强者恒强，弱者恒弱，加剧空间发展的不平衡性。

2. 扩散的空间表现及其影响

扩散的空间表现是指扩散的路径选择及其空间结果。生产要素在扩散指向和扩散能力上遵循势能衰减和距离衰减的基本规律，且不同的生产要素（如资金、人口、劳动力、技术、信息等）具有不同的扩散形式。因此，扩散的空间表现形式也是多种多样的。

对扩散的空间表现，地理学家哈格斯特朗通过归纳与演绎的方法，推理并证明了空间扩散的频率、阶段和方式的具体特征，认为扩散的基本模式有邻域扩散和非邻域扩散两大类。邻域扩散是指生产要素向邻近地区的空间溢出，而非邻域扩散是指生产要素向非完全邻近地区的空间传播。上述两种扩散模式的空间表现，哈格斯特朗将其归纳为如下几种形式[47]（见图 3.3）：

（1）位移扩散。位移扩散又称传染扩散，是经济要素或相关部门从一个生源点向外渐进的、连续的扩散过程，在空间上具有连续性。与集聚区域相邻的区域成为首先接收扩散的区域，其原因在于周围区域与集聚区域在信息交流、运输成本方面都具有优势。

（2）等级扩散。等级扩散是集聚区域经济扩散首先扩散到其他区域的大城市，然后完成大城市—中等城市—小城市—农村的扩散过程。等级扩散产生的原因主要是大中小城市之间、城乡之间接受扩散的经济与社会条件差异。

（3）重新区位扩散。重新区位扩散即扩散并不完全以由近向远波浪式的进行，而是在空间上具有明显的跳跃性。此时，决定扩散方向和速度的主导因素主要不再是距离远近，而是接受扩散的区域对于产业的接受能力差异，即扩散区域的区域质量。在计划经济时代，主导因素更突出表现为包括政府的政策作用，即政府为了促进区域经济协调发展，缩小区际差异，制定一系列政策诱导、鼓励甚至命令生产要素、经济部门向特定地区扩散[49]，其典型的例子就是移民过程。

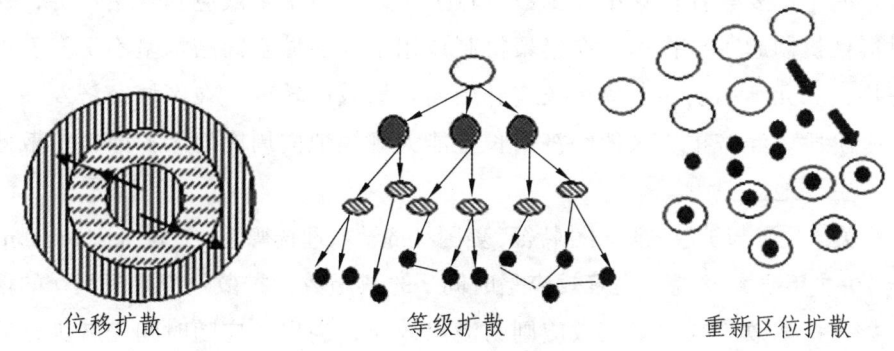

位移扩散　　　　　等级扩散　　　　　重新区位扩散

图 3.3　区域空间扩散的表现形式示意图[48]

扩散机制对区域经济空间结构演化的影响主要表现在以下方面：① 原有经济区的功能转化升级。原有经济区在经济转换过程中，面临着市场机制的优胜劣汰，部分产业的迁出和新兴产业的进入，原有经济区的产业升级过程必然是其不断创新发展的过程。② 产生轴向效应，促进通道的强化。例如，在非均质的空间系统中，扩散的速度和模式往往因其扩散方向不同而不同。地处交通干线的区域不仅对产业扩散转移有着较强的吸引作用，而且还因为区域间物质信息交流的便捷使得他们之间有着速度更快、范围更广的扩散。③ 促进区域经济的空间均衡。在等级扩散中，生产要素按照等级规模由高到低扩散，距离的影响降低到次要地位，新的集聚亦会形成，有助于从宏观上缩小区域经济差距，优化区域空间结构。

3.4.4 集聚与扩散的阶段性特征

集聚与扩散是区域经济发展和空间结构演化的两种基本力量。集聚使区域空间从孤立、分散的均质状态，逐步走向局部不平衡发展的有序组织系统；扩散则使区域空间由少数极核中心向整个区域推进，最终使区域经济发展走向相对均衡的高级有序状态。

集聚与扩散是对立统一、相互依存的。在区域发展的不同阶段，两种机制的作用强度是有差别的。在区域发展的初级阶段，因发展要素不足，有限的生产要素往往集中在少数节点上，以获得集聚效应和规模经济，这时集聚机制起主导作用；在集聚机制作用下，区域空间结构呈不平衡发展态势，二元结构明显，集聚效应开始向扩散效应转变；在区域经济发展的高级阶段，经济重心区地经济增长势能大规模地向周围地区扩散，扩散效应占主导地位。

关于集聚与扩散的阶段性特征，美国经济学家理查德逊（H. W. Richardson）于1967年研究发现，集聚效应是时间 t 的减函数，扩散效应是时间 t 的增函数，扩散效应减去集聚效应则为溢出效应，溢出效应随时间先减少，后增加，如图3.4所示。

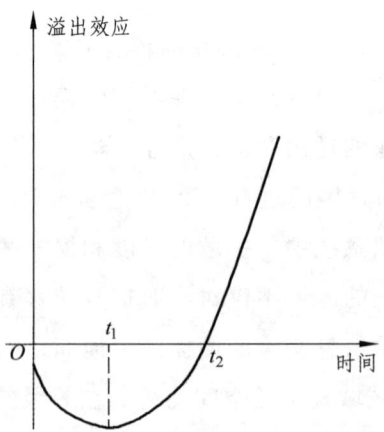

图 3.4　溢出效应（扩散效应与集聚效应之差）阶段性特征

由图 3.4 可以看出，在区域经济发展的初级阶段（t_1 之前），为了寻求良好的区位和发展机会，经济要素和经济部门向特定地点或区域集中，有助于集聚效应、规模效应的发挥，产业的发展、城市化水平的提高、各级节点规模的壮大推动经济空间结构趋向合理化。此时，集聚效应占主导，仅仅伴随有小规模的经济扩散，集聚效应远大于扩散效应，因而净溢出效应为负值。这种趋势会不断加强，直至 t_1 时期净溢出效应达到最低值，区域经济发展进入集聚不平衡发展的时期。随着区域经济的进一步发展，集聚与扩散两个过程同时进行，且规模、强度大致相当，比如高新技术产业向研发能力强、技术条件好、劳动力素质高的区域集聚，而传统产业则向劳动力成本低和技术水平要求不高的区域转移。在 t_2 时期，两种效应相互抵消，集聚与扩散达到均衡。t_2 时期之后，区域经济发展进入相对平衡发展阶段，扩散效应占主导，区域差距逐步缩小。显然，准确定位区域经济发展阶段，对区域空间结构调整具有重大意义。

3.5 市场自组织机制之产业结构演变驱动机制

3.5.1 产业结构演变规律

产业结构是指区域经济中各产业的构成和各产业之间量的比例和质的联系等关系的总和。而产业结构演变就是产业结构重心随着经济发展顺次变化或升级的过程。国内外学者对产业结构演变规律进行了大量研究，总结出许多产业结构变动的理论依据。

（1）配第-克拉克定理。配第-克拉克定理是关于国民收入与劳动力之间关系的理论。17 世纪英国经济学家威廉·配第（William Petty）观察到，在经济发展中各产业之间存在着收入的相对差异（如制造业比农业、商业比制造业能得到更多的收入），这种收入的差距会促进劳动力由低收入部门向高收入部门转移。英国经济学家克拉克（G. Clark）在配第理论的基础上，进一步研究了劳动力在三次产业之间的转移规律。克拉克通过对主要发达国家劳动力转移的实证研究得出结论：随着人均国民收入水平的提高，劳动力首先由第一产业向第二产业转移，进而再向第三产业转移；从劳动力在三次产业之间的分布状况来看，第一产业劳动力比重下降，第二产业特别是第三产业的劳动力的比重呈现出增加的趋势。这就是所谓的"配第-克拉克定理"。

（2）库兹涅茨法则。库兹涅茨（Simon Kuznets）在配第-克拉克研究的基础上，通过对各国国民收入和劳动力在产业间分布结构的变化进行统计分析后认为，引起产业结构变化的原因是各产业部门在经济发展中所出现的相对国民收入的差异（即某产业部门国民收入的相对比重与劳动力的相对比重之比）。随着时间的推移，农业部门的国民收入在整个国民收入中的比重和农业劳动力在全部劳动力中的比重均处于不断下降趋势；工业部门的国民收入在整个国民收入中的比重是上升的，但劳动力在全部劳动力中的比重则大体不变或略有上升；服务部门的劳动力在全部劳动力中的比重基本是上升的，这说明第三产业具有很强的吸附劳动力的特性，而它的国民收入在整个国民收入中的比重却不一定与劳动力的比重同步上升。它指出，对于大多数国家而言，第一产业的相对国民收入低于1，第二、第三产业的相对国民收入大于1。

（3）霍夫曼定理。1931年，霍夫曼（W. G. Hoffmann）根据近20个国家的工业结构方面的时间序列资料，重点分析了制造业中消费资料工业和资本资料工业的比例关系。这个比例被称为霍夫曼系数，即消费资料工业的净产值与资本资料工业净产值之比。霍夫曼定理所揭示的规律是：霍夫曼系数在工业化的过程中呈下降趋势。在工业化的第一阶段，消费资料工业的生产在制造业中占主导地位，资本资料工业的生产不发达，此时霍夫曼系数约为5；第二阶段，资本资料工业的发展速度比消费资料工业快，但在规模上资本资料工业仍小于消费资料工业，这时霍夫曼系数约为2.5；第三阶段，消费资料工业和资本资料工业的规模大体相当，霍夫曼系数约为1；第四阶段，资本资料工业规模超过了消费资料工业规模，霍夫曼系数小于1。

（4）赤松的雁行形态说。雁行形态说是日本经济学家赤松在1960年提出的，他认为，在产业发展方面，后进国家的产业赶超先进国家时，产业结构的变化呈现出雁行形态，即后进国家的发展是按"进口—国内生产—

出口"的模式相继交替发展的。这样一个产业结构变化过程在图形上很像三只飞翔的大雁[50]："第一只雁"是国外产品大量进口引起的进口浪潮；"第二只雁"是进口刺激国内市场所引发的国内生产浪潮；"第三只雁"是国内生产发展促进的出口浪潮。这个模式还有两个变形：① 是产业发展的次序一般是从消费资料产业到生产资料产业，从农业到轻工业，进而到重工业的不断高级化过程；② 消费资料产业的产品不断从粗加工向精加工转化，生产资料产业的产品不断从生产资料向消费资料转化，最终使产业结构趋向高级化。

（5）钱纳里的工业化阶段理论。钱纳里（H. B. Chenery，1986）从经济发展的长期过程考察了制造业内部各产业部门的地位和作用的变动，揭示了制造业内部结构转换的原因，为了解制造业内部结构变动趋势奠定了基础。他将制造业的发展分为经济发展初期、中期和后期三个阶段，将制造业按时间分为三种不同类型的产业：① 初期产业，指经济发展初期起主要作用的制造业部门，如食品、皮革、纺织等部门；② 中期产业，即经济发展中期起主要作用的制造业部门，如非金属矿产品、橡胶制品、木材价格、石油化工、煤炭制品等部门；③ 后期产业，主要有服装和日用品、印刷出版、粗钢、纸制品、金属制品和机械制造等部门。这些不同阶段有不同产业的理论被称为钱纳里工业化阶段理论。

3.5.2　产业结构演变原因

在市场经济条件下，引起产业结构规律性演变的原因主要有需求结构的变动、供给结构的变动和政府产业结构政策的助推等因素。

（1）需求结构的变动。需求结构的变动取决于人均收入水平、收入分配以及不同商品的相对价格。随着人均国民收入水平的提高，社会的需求结构也发生变化，导致产业结构也发生相应的演变。在人均收入低水平阶段，收入的主要部分用于解决吃的问题，食品的需求弹性远高于其他产品，因此人类历史上首先兴盛起来的是农业。随着收入水平的提高，收入中用于饮食的比例减少，人们的需求开始向穿、用方面转移，从而促进轻工特别是纺织工业的发展。随着人均收入水平的进一步提高，人们开始追求产品的便利和使用性能，耐用消费品和投资品的需求弹性迅速上升，而轻纺工业品的收入弹性下降。同时，收入的提高加快了资本的积累，促进工业向重工业化和高加工度化转变。最后，当人均收入达到一定水平后，人们对非物质需求的比重加大，而对制造业产品的需求下降，从而促进第三产业，尤其是信息产业的快速发展。

（2）供给结构的变动。供给结构是指各类资源的保有量、生产要素及其相对价格、生产技术组合及其水平等。一定的供给结构既决定了产业结构存在的基础，又决定了产业结构的选择和性质。

首先，自然资源的禀赋及分布，是形成一个国家或地区产业结构的基本条件。产业的比例与地区分布，产业部门的种类与结构，产业的规模与效益，都直接或间接受自然资源的影响，特别是那些自然型产业（如农业、矿产业和交通运输业等）。

其次，劳动力和资本的赋予状况及其相对价格的变化。劳动力的数量决定了一国或一地区的产业可以调动的劳动力的最大极限。若劳动力的数量大，则大力发展劳动密集型产业成为首要选择。资本的数量决定了一国或一地区发展资本密集型和技术密集型产业的能力。

最后，在供给结构中，技术进步是促进产业结构成长和发育的决定性因素。技术进步使得传统产业的技术改造和高新技术产业的扩展成为可能，从而促进产业结构的升级。技术进步降低了投入系数，改变了生产函数，使得原材料和能源的利用率得到提高，从而将改变原材料产业与加工产业的比重。不同产业之间技术进步速度不同，导致产业间生产率上升速度不同，从而改变产业结构。因此，技术进步越快，该产业生产成本下降越快，那么该产业在产业结构中将占有越来越大的份额，资本和劳动力在产业的分布比例将上升。

（3）政府产业结构政策的助推。产业政策是政府从宏观角度调整产业发展的重要措施，它可以通过经济、社会、政治、技术、生态环境等因素鼓励或限制某些产业的发展。对于鼓励的产业将给予优惠的政策，以扶持其发展；对于限制的产业将施以严厉的限制措施，以限制或收缩其发展。

区域产业若符合产业政策,将可能以较快的速度发展;反之若违背产业政策,其发展将受到限制。以上两种情况都可以使区域产业结构发生变化。

3.5.3 产业结构演变促进产业空间结构形成与演化

任何一种产业活动都是与空间概念联系在一起的,不同类型的产业又对区位选址、要素利用有着不同的要求,因此城市产业结构在某种程度上决定着城市经济空间结构的整体形态。产业的生命周期是该产业所在经济节点成长、壮大、衰退的过程,产业的更替是该经济节点功能转型的过程,也推动着整个经济空间结构的变化。

产业结构演进的过程,实质上就是低层次的产业形态经历成熟之后走向衰落,同时较高层次的产业形态在新生的基础上不断成长的过程。在这一过程中,伴随着飞跃式的技术变动,大量新兴产业快速发展,产业结构发生根本质变,推动城市经济空间结构趋向高级化发展[51]。以高新技术产业为例,该产业通过对第一、第二产业的技术改造和结构升级,推动劳动密集型产业向知识密集型产业转变。在相关生产性服务业的快速发展、传统的劳动密集型服务业相对比重下降、资金密集型和新兴的知识技术密集型服务业相对比重趋于提高的过程中,区位条件优越的中心地区被用来发展高层次的产业,城市经济空间呈多中心趋势发展,原来功能混合在一起的城市制造业逐步扩散至周边区域及城镇,形成专门化的工业团地、新城和卫星城的产业支撑。

产业结构升级往往伴随着产业转移和产业承接,产业在空间位置上发生改变,从而促进产业空间结构的优化。产业转移是指某些产业从一个国家或地区转移到另一个国家或地区的过程。按照其涉及的地域范围不同,产业转移大体分为国际产业转移、区际产业转移和城乡产业转移三种。由于某地的资源或劳动力等方面的优势,分散在附近的同类企业,为了追逐外部规模经济逐步转移至该地,并且高密度地集聚在一起形成产业集聚。同时,依据本地的比较优势,引进外商投资,使国外或地区外产业转移到本地,发展本地优势产业,进而形成集聚。这种产业转移形成产业集聚的过程，我们称之为"吸纳效应"。随着集聚的发展，集聚区经济快速增长。但是，由于竞争日益激烈，发达地区原有的技术含量较低、劳动密集型的集聚产业发展到一定程度后，由于供给和需求结构变化以及成本过高等因素会出现集聚不经济的现象。另一方面，为了适应产业结构不断优化、升级的要求，势必导致一些已有的技术相对落后的成熟集聚产业发展缓慢，影响集聚区的经济发展。为保持竞争优势，在竞争中实现外部规模经济，就要求原集聚区不断进行技术创新，寻求发展高新技术产业集聚，同时使原有劳动密集型产业依据产业梯度转移理论逐渐转移到有接受能力的经济欠发达的中西部地区，从而充分利用其天然的原材料和充足的廉价劳动力。这种由于产业结构优化、升级引起原集聚产业规模不经济而导致的产业向其他经济欠发达地区转移的现象，我们称之为"释放效应"。"吸纳效应"和"释放效应"共同作用，促进产业空间结构新格局的形成。

3.6 政府调控机制

从主观因素来讲，一个区域产业空间结构的形成往往是两种机制作用的产物，即市场机制的自组织和政府宏观调控的被组织。前者是指通过市场机制的作用，使经济中心和经济腹地之间不断地进行物质和能量的交换，实现结构调整、功能转化和空间格局的变化，以适应市场环境的变化，实现要素的空间优化配置。后者是指政府通过行政、经济和法律等手段，组织和协调区域经济活动，以达到资源要素空间优化配置的目的。任何区域经济空间结构的形成和发展既是一种自组织机制作用下的产物，也是一种被组织机制作用下的产物，通常是自组织机制和被组织机制共同作用的产物。

3.6.1 政府调控区域产业结构的必要性

区域经济空间结构自组织的基础是市场机制，通过市场机制，把区域的主要经济要素和经济活动联系起来，促使各种经济活动在区域经济空间结构框架内实现合理化和高级化。从资源配置的角度看，一个国家或地区产业结构的形成和变动过程，就是在市场价格信号的指引下，通过经济资源的流动和重组，使产品结构或供给结构尽可能与需求结构相吻合的过程。因此，在市场导向下，产业结构变动的信号机制是市场结构，动力机制是决策者的利润增加，实现机制是资源的横向流动。然而，纯粹的市场机制在实现产业结构优化中是有缺陷的，主要表现在：

（1）市场价格信号失真可能导致某些产业发展过度，而另一些产业发展不足，无序的竞争导致在空间上出现重复建设，使资源的空间配置效率下降。

（2）市场结构体系的波动和起伏会影响产业结构调整。产业结构在短期内需要有相当的稳定性，而变化多端的外部环境是妨碍企业进行调整和创新的。如果价格信号无法预示技术进步的状况，就不能揭示产业结构的演进方向和未来趋势。

（3）产业结构变动具有滞后性。产业结构调整需要时间，产业结构与新的需求结构的吻合过程是一个渐进的过程，因此在调整尚未完成的阶段，就会造成一定程度的资源浪费甚至宏观经济的不稳定运行。

（4）产业结构变动会引起一定的摩擦成本。资源在产业间转移或配置的成本很高，它包括经济成本和社会成本。如果缺乏完善的社会保障制度和政府的产业支撑制度，产业结构变动所带来的不利影响将抵消其积极影响。

在市场机制的作用下，这种区域经济空间结构的自组织具有惯性和路径依赖的特点。经济空间结构成长的路径取决于其初始状态，空间区位过去的选择决定着现在可能的选择，如果沿着既定的路线，有可能进入良性循环的轨道，也可能顺着错误的路径走下去，甚至被锁定在某种无效率状态之中。要改变这种状况，弥补市场机制的缺陷，往往需要政府干预，运用产业政策干预产业结构调整及其空间分布，以保障空间资源的合理配置。

3.6.2 产业结构调整中的政府定位

产业结构的调整归根结底是稀缺经济资源在各产业间配置以及每一产

业内部的配置情况。产业结构协调过程中面临的资源配置问题主要是通过市场机制来解决的。由于市场机制本身的缺陷，只有通过政府的产业政策来完善市场机制的调整功能，为产业结构调整创造良好的微观和宏观经济环境，才能最终达到优化产业结构的目的。

区域产业结构调整中的市场定位和政府定位，其内容包括：

（1）只有通过市场，通过产业竞争，形成平均利润，才能真正显示产业结构的未来发展方向；只有通过市场价格差异所引起的对投资者和生产者的鼓励，才能使社会经济资源按产业结构的发展方向及时有效地流动。

（2）政府的作用主要是营造一个适合产业结构合理化和高级化的微观经济环境和宏观经济环境。政府应该在市场力量被证明是无能为力的时候才采取行动。从这种意义上说，政府促进其产业结构优化的措施主要是补救性的，是被动的，其目的在于帮助完善市场机制和市场体系。其作用主要表现在：①通过国家的努力来促进信息的收集、加工和分享，降低生产的社会成本；②在产业结构升级过程中发挥重要的协调作用，减少经济不平衡发展的概率，使产业结构升级顺利进行；③由于产业政策目标未必总是正确的，如果政府产业政策出现失误，最先响应产业政策的企业可能会发生一些损失，因此政府应对那些因最先响应政府政策而失败的企业给予必要的补偿。

3.6.3 政府调控产业空间结构的手段

区域产业空间自组织功能的缺陷为政府调控产业空间结构提供了可能。政府对产业空间结构进行调控，就是指通过政府的介入，运用经济、行政和法律等手段，主动地、有意识地对区域产业空间结构的形成与发展进行干预，从战略角度调控区域经济空间结构的发展趋势和总体框架。政府调控区域产业空间结构对区域产业空间结构的形成和发展会产生两种可能的影响：①如果政府对区域产业空间的被组织过程与区域组织相耦合，则会促进区域产业空间结构良性发展，加速区域产业空间结构的形成和优化；②如果上述二者相矛盾时，则会阻碍或延缓区域产业空间结构的形成与优化。被组织力表现的好坏，取决于政府组织的目的、方式和手段。

在市场经济条件下，政府对产业空间结构进行调控，其定位应该以市场为主、间接调控为辅，这样既能保持政府对产业空间结构的调控能力，又能维持市场配置资源的高效率，从而实现有效调控。具体说来，政府对产业空间的调控应借助行政、法律、经济、技术、规划等多种手段。

行政区划调控手段是对行政边界或行政管辖范围重新分配，使城市空间向区域空间扩展，以打破行政壁垒，促进要生产要素流动和资源整合，优化产业空间结构。当前，撤县设区就是行政调控的具体表现。通过，可以在短期内有效地扩大城市经济的发展空间，实现乡村地域向城市转变，加快城镇化步伐。同时，撤县设区可以减少重复建设，整合政府职能，提高公共效率。

产业空间发展规划是政府制定的用于产业空间布局的纲领性文件，为区域空间形态描述远景蓝图。政府通过发展规划调控产业空间结构，可以保障产业空间发展方向的正确性，避免重复建设，减少因调控失误而发生的损失。在产业布局之前，各级政府应制定出既科学合理又切实可行的发展规划来指导产业空间布局。

政府调控产业空间结构的经济手段主要有区域财政政策、区域货币政策和区域产业政策。区域财政政策主要是指运用税收和转移支付等手段，稳定区域经济发展，提高区域经济效率，并兼顾区际之间的公平；区域货币政策是指运用投资、贷款及区域性货币政策工具，实现区域内部和区际之间协调发展，为企事业单位、地方政府的公共事业建设和区域合作事业提供资金保障，调整经济结构；区域产业政策是政府对区域产业发展方向、企业组织结构、技术创新等进行干预，主要包括产业布局政策、产业结构政策、产业组织政策、产业技术政策等。

由于区域产业间的利润率差别较大，各地基于地方利益的考虑可能都不愿意放弃高收益的产业，从而难以使产业之间形成合理的分工，这就需要政府在综合考虑的前提下，制定相应的法律、法规和制度，使空间结构调整有法可依，减少随意性和软约束。在已有相关法律基础上，加强立法和实施工作,制定"产业空间组织法""地区开发法""产业空间发展规划法""开发基金使用法"等一系列法律法规,为政府有效调控产业空间结构提供法律依据和保障,从而提高区域产业空间结构整合质量,促进区域经济协调发展。

4 广西北部湾的范围及地理概况

广西北部湾是依托广西沿海港口群发展起来的国家级经济合作区。2006年3月广西北部湾经济区规划建设管理委员会正式成立，2008年1月《广西北部湾经济区发展规划》获得国家批准并实施[52]，这大致就是广西北部湾的形成历程。在分析广西北部湾产业空间结构之前，应对广西北部湾的范围、交通设施、自然资源等客观地理因素有基本认识，以便为后文分析广西北部湾产业空间结构现状及形成与演变机制奠定基础。

4.1 广西北部湾的范围界定及城市地理概况

4.1.1 范围界定

本书研究的区域范围是广西北部湾经济区"4+2"城市群。广西北部湾经济区作为国家"十一五"规划中提出的全国首个国家经济合作区，包含南宁市、北海市、钦州市、防城港市的所辖区域，考虑到区域发展的需要，临近沿海的玉林、崇左两市的交通和物流也被列入到广西北部湾经济区规划建设中统筹考虑。西翼的崇左市地处中越边界，是经济区发展对外贸易和交流的便捷通道；而东翼的玉林市临近经济发达地区广东，是连接西部落后地区与东部发达地区的桥头堡。对经济区的开放开发，这二者的作用极为重要。故本书研究的区域范围是在南宁市、北海市、钦州市、防城港市的基础上，外加玉林市和崇左市，即由"4+2"城市群所辖的行政区域组成。

广西北部湾经济区位于广西壮族自治区中南部，地处北部湾顶端的中心位置，位于东经107°22′~109°51′，北纬21°27′~24°3′，总人口2061.94万[①]，土地面积7.27万平方千米，约占广西土地总面积的30.71%，海域总面积达12.93万平方千米，海岸线长1595千米。

4.1.2 各城市地理概况

广西北部湾经济区包括南宁、北海、钦州、防城港、玉林、崇左六个城市，各城市的行政区划见表4.1。

表4.1 广西北部湾"4+2"城市群县级以上行政区划

市	县（市、区）名称
南宁市	兴宁区、青秀区、江南区、西乡塘区、良庆区、邕宁区、武鸣县、横县、宾阳县、上林县、隆安县、马山县
北海市	海城区、银海区、铁山港区、合浦县
防城港市	港口区、防城区、上思县、东兴市
钦州市	钦南区、钦北区、灵山县、浦北县、钦州港经济开发区、钦城管理区
玉林市	玉州区、容县、陆川县、博白县、兴业县、北流市
崇左市	江州区、扶绥县、大新县、天等县、宁明县、龙州县、凭祥市

下面对各城市的地理概况作一简单介绍[②]。

1. 南宁市

广西壮族自治区的首府南宁，位于广西南部，地处亚热带，位于东经107°19′~109°38′，北纬22°12′~24°2′(地理坐标东经108°22′，北纬22°48′)，坐落在南宁盆地中部邕江两岸，总面积22293平方千米，市区面积6479平方千米，现管辖6区6县（兴宁区、青秀区、江南区、西乡塘区、良庆区、邕宁区和武鸣县、隆安县、马山县、上林县、宾阳县、横县）。南宁地理位

[①] 这里的人口是指2009年广西北部湾经济区4+2城市的年末常住总人口，数据来源于广西统计年鉴2010。

[②] 文中数据来源于南宁、北海、钦州、防城港、玉林、崇左的政府门户网站。

置优越，背靠大西南，面向东南亚，东邻粤、港、澳、琼，西接印度半岛，位于我国华南、西南和东南亚经济圈的结合部，是环北部湾沿岸的重要经济中心，具有"两近两沿"的特点。"两近"：一是近海，市区距钦州港、防城港、北海港分别仅 104 千米、173 千米和 204 千米；二是近边，市区距中越边境的东兴市、凭祥市分别只有 204 千米和 230 千米。"两沿"：一是沿线，湘桂、黔桂、黎湛和南昆铁路在南宁交汇，是西南地区重要的铁路枢纽；二是沿江，邕江是西江的支流，而西江又是珠江的干流，待西江二期整治工程完工后，千吨级内河船舶可以从南宁直达港澳。南宁对华南、西南经济圈发挥着枢纽城市的连接作用，对东南亚各国发挥着中国前沿城市的开放作用，具有得天独厚的区位优势和地缘优势。

2. 北海市

北海市位于东经 108°50′~109°47′，北纬 21°29′~21°55′，总面积 3337 平方千米，市区面积 957 平方千米，全市管辖区（海城区、铁山港区、银海区和合浦区）。北海是中国古代"海上丝绸之路"的始发港，是中国西部地区唯一的沿海开放城市，是中国西部唯一具备空港、海港、高速公路和铁路的城市。市区南北西三面环海，有涠洲岛（24.74 平方千米）、斜阳岛（1.8 平方千米）二个海岛。北海市地处广西南端，北部湾东北岸，西北距南宁 206 千米，东距湛江 198 千米，东南距海口市 147 海里[①]，与海南省隔海相望，邻近东南亚诸国，背靠西南云贵川诸省，处于大西南、海南及东南亚的中枢位置，地理位置优越。

3. 钦州市

钦州市位于北纬 20°54′~22°41′，东经 107°27′~109°56′，位于广西北部湾经济区的中心位置，现辖 2 县 4 区，即灵山县、浦北县、钦南区、钦北区、钦州港经济开发区和钦城管理区。全市陆地面积 1.08 万平方千米，岛屿 303 个，海岸线长 562.64 千米。钦州市地处广西南部沿海，背靠大西南及华中广大地区，面向东南亚，地处中国东、中、西三大地带的交汇点，

---

① 1 海里=1.852 千米（km）。

是华南经济圈、西南经济圈与东盟经济圈的结合部。同时，钦州市还处于南宁、北海、钦州、防城港一小时经济圈的中心位置，具有得天独厚的区位优势和地缘优势，是大西南最便捷的出海通道之一，是中国与东南亚地区乃至亚太地区经济合作的重要桥梁，在西部大开发战略和中国—东盟自由贸易区、泛珠三角经济合作区建设发展过程中将发挥"承东启西""沟通南北"和"桥头堡"的战略作用。

4. 防城港市

防城港市位于东经107°28′~108°36′，北纬20°36′~22°22′，居北回归线以南，现辖2区1县1市（港口区、防城区、上思县和东兴市），陆地面积6181平方千米，海域4万平方千米。全市海岸线584千米，岛屿海岸线222千米，陆地边境线230多千米。防城港市位于广西南部，地处中国大陆海岸线西南端，北连南宁市，南临北部湾，东接钦州市，西邻越南，是广西北部湾经济区的核心区域和华南经济圈、西南经济圈与东盟经济圈的结合部，与越南山水相连，是我国唯一一个与东盟陆海相通的城市。防城港市有5个国家级口岸，其中东兴口岸是我国陆路边境通关人数最多的口岸。2008年，经东兴口岸出入境的流量就达462万人次，占全区的71%。防城港市具备建设大型物资中转中心、物流港口和出口加工区的良好条件。

5. 玉林市

玉林市位于东经109°32′~110°53′，北纬20°38′~23°1′，现辖2区1市4县（玉州区、福绵管理区、北流市、容县、陆川县、博白县和兴业县），总面积12 838平方千米。玉林市地处广西东南部，紧靠广东、海南，前临香港、澳门，背靠大西南，东与梧州市、广东省茂名市相邻，南与北海市、广东省湛江市毗连，西与钦州市、南宁市交界，北与贵港市接壤。玉林市是桂东南地区政治、经济、文化、交通中心，位于泛珠三角经济区和东盟自由贸易区的结合部，区位优势明显，是我国东部西进，西部东进最便捷的通道。

6. 崇左市

崇左市位于北纬21°36′~23°22′，东经106°33′~108°6′，现辖5县1市

1区（江州区和扶绥、宁明、龙州、大新、天等5个县，代管凭祥市），土地面积1.73万平方千米，总人口230万人。崇左市居住着壮、汉、瑶、苗、回、侗、水、京等民族，其中壮族人口占总人口的89%，是中国壮族人口比率最高的地级市。崇左市位于广西的西南部，地处华南经济圈、西南经济圈和东盟经济圈交汇的中心地带及"南宁—崇左—凭祥—谅山—河内—海防—广宁经济走廊"的大通道上，处在南宁—新加坡经济走廊的关节点。崇左市位于泛珠三角经济发达地区东部和东盟经济圈的北部以及海上东盟和陆上东盟的联结交汇点，纵贯南北，连接东西，呈现出一个"十字型"的经济带，具有沿边、沿江、沿铁路、近海港、邻首都、连首府、连东盟的区位优势和地缘优势，位置十分重要。通过陆路可达越南、老挝、柬埔寨、泰国、缅甸、马来西亚和新加坡等7个国家，同时随着崇左至钦州高速公路的规划建设，通过钦州、防城港的海上通道可达世界各国，呈现出既可承接发达地区产业转移，又可多方向经济辐射的"扇型"经济辐射发展状态，是桂西南政治、经济、交通中心。

4.1.3 战略地位

改革开放以来，中国区域经济发展最显著的闪光点是在沿海地区形成了最具活力和最有影响力的三大经济圈，即长三角经济圈、珠三角经济圈和环渤海经济圈。2006年7月，广西率先提出泛北部湾区域经济合作的战略构想，并于2008年1月由国家批准实施，形成又一个跨省区且跨国界的经济圈，即"环北部湾经济圈"。环北部湾经济圈介于东亚和东南亚之间，是重要的海上交通枢纽，是中国东南和大西南地区对接东盟的"出海大通道"，是海上东盟的重心，必将成为中国西南地区新的经济"增长极"。

广西北部湾经济区是环北部湾经济圈的重要组成部分，是我国西部大开发和东盟开放合作的重点地区。国家在"十一五"主体功能区建设规划中指出，西部的成渝地区、关中地区、广西北部湾经济区是重点开发类型区，并将广西北部湾经济区列为西部率先发展的重点区域之一，力图把该地区培育成为带动和支撑西部大开发的战略高地。广西北部湾经济区作为西部唯一的沿海区域，与东盟国家既有海上通道又有陆地接壤，是通往东盟的陆路、海路的桥头堡，在我国与东盟、泛北部湾、泛珠三角等国际国内区域合作中具有不可替代的战略地位。

广西北部湾经济区对内立足北部湾，沟通东中西，服务西南地区广阔腹地，对外是面向东盟的开放合作示范区。因此，"立足北部湾，面向东南亚，沟通东中西，服务西部大开发，将其建设成为我国西部对外开放的门户和枢纽，中国面向东盟国家的区域性物流基地、商贸基地、加工制造基地和信息交流中心，面向东盟的开放合作示范区，逐步成为带动支撑西部大开发的战略高地和我国沿海发展新的一极"是广西北部湾经济区的功能定位。广西北部湾经济区地处环北部湾经济圈的中心位置，地处我国沿海开放带的西南端，是我国西部唯一的沿海经济区，东接广东，西邻越南，南邻北部湾，与海南及东南亚各国隔海相望，是广西乃至全国走向东盟、走向世界的重要门户。广西北部湾经济区的区位优势明显，在西南地区开发和对外开放中肩负重任，加快推进广西北部湾经济区的开放开发，在国家战略中有着重要的地位和作用：① 有利于促进广西经济社会全面发展，从整体上提升民族地区经济社会发展水平，振兴民族经济，巩固民族团结，维护边疆地区和平稳定。② 有利于深入推进西部大开发战略，强化西南出海大通道功能，促进西南地区对外开放和经济发展，形成西部大开发新的战略高地和西部新的经济增长极。③ 有利于完善我国"沿海""沿边"产业布局，使东中西部区域经济发展实现良性互动，协调发展，为国家经济社会发展注入新的源泉和动力。广西北部湾经济区属于经济欠发达地区，相比东部地区拥有更多的发展商机和更低廉的开发成本，因而在新一轮产业布局调整中，应充分发挥对接产业变动调整的优势条件和现实吸引力，吸引东部产业和外资向中西部地区转移，实现东、中、西经济资源优势互补与合理配置。④ 有利于加快中国—东盟自由贸易区的建设，进一步深化中国与东盟各国的战略伙伴关系，使我国国际经贸合作朝更高水平、更深层次的方向发展，在更大范围内整合经济资源，增强国家之间的经济互补性，促进多方共赢和可持续发展。

4.2 广西北部湾的交通概况

流通是经济发展的必备前提，交通是流通的依托，因此发达的交通运输网路是经济发展的基础和保证。广西北部湾经济区的战略重点之一是将经济区建设成为现代物流、现代商贸、现代加工制造业的基地和信息交流中心，简称"三基地一中心"。"三基地一中心"的建设发展无疑需要高效便捷的交通服务体系作为支撑。经过半个多世纪的建设，特别是近几年来，广西北部湾经济区交通发展势头迅猛，以南宁为枢纽的中南、西南出海通边综合交通格局初步形成，并逐步发挥重要作用；连接广东、东盟的出省出境通道也逐步完善，城市市政基础设施水平有了较大提高。下面从铁路、公路、航空、海运等交通方式具体分析广西北部湾的基本的交通设施情况。

4.2.1 铁路

广西北部湾经济区铁路现状可归纳为：主干线网络基本形成，高速铁路蓄势待发，沿海铁路日趋完善，国际联运初步形成。

（1）主干线网络基本形成。目前广西已基本形成以湘桂铁路、南昆铁路、黔桂铁路、焦柳铁路、洛湛铁路 5 条铁路干线为骨架的铁路网。黎钦铁路、南防铁路、钦北铁路和钦港铁路通向广西沿海的防城港、钦州、北海三大港口，加上正在建设的南广、云桂、贵广和广西沿海高速铁路，构筑了大西南地区最便捷的出海通道。以南宁为中心的区域性铁路枢纽地位雏形初步显现，广西铁路基本形成了接内地、通港口、连越南的出省、出海、出边铁路运输网络。截至 2009 年年底，广西铁路营运里程为 3735 千米，其中 2009 年新建 645 千米。北部湾经济区铁路主干线里程见表 4.2。

（2）高速铁路蓄势待发。为适应现代交通发展需要，广西和周边省份正在构建跨省高速铁路。目前，新开工建设的有南广铁路、贵广铁路、云桂铁路、湘桂铁路扩能改造工程以及沿海铁路扩能改造工程等一批重大项目。这批铁路项目的开工建设，将对广西特别是北部湾经济区的建设带来极大的促进作用。据悉，扩能改造后的湘桂铁路将构筑起广西连接中南、华东、华北地区的快速通道，将与黔桂铁路和南昆铁路共同形成西南地区便捷的出海通道，将与新建的贵广、南广、云桂铁路构筑起广西和西南地区通往粤港澳的大能力通道，对广西构筑出海通边国际大通道，推进工业化和城镇化进程，增强中心城市的辐射带动作用，促进沿线地区经济社会发展，融入与东盟、泛珠三角洲、长江三角洲、西南等多区域合作，实现全区经济社会又好又快发展，具有十分重大的意义。云桂铁路、南广铁路、贵广铁路建成后，将使昆明至南宁、南宁至广州、桂林至广州的行程时间分别缩短至4小时、3小时和2小时，特别是衡阳至南宁之间营运时间将由目前的10多个小时缩短到3个小时左右，这大大地促进了广西与西南和东南地区的铁路交通运输。

表4.2 2009年广西北部湾经济区铁路主干线里程（单位：千米）[①]

铁路名称	湘桂铁路	黎湛铁路	洛湛铁路	南昆铁路	沿海铁路
广西段	780	231	561	368	469
北部湾经济区段	340	231	145	120	469
全长	1013	318	2065	899	469

在构建跨省高速铁路的同时，广西将加快沿海铁路扩能改造工程，该项目全面建成后，南宁到广西沿海钦州、北海、防城港三市的铁路行程将缩短至1小时左右，形成"一小时交通圈"。

（3）沿海铁路日趋完善。为加快北部湾经济区开放开发，进一步完善出海通道，广西积极推进北部湾经济区沿海铁路建设。目前，北部湾经济区已开工建设的沿海铁路项目包括：广西沿海铁路南宁至钦州段、钦州至北海段和钦州至防城港段扩能改造工程、玉林至铁山港铁路、合浦至河唇铁路铁山港支线、南广铁路南宁至黎塘段。这些项目的建成，将大大地改善北部湾经济区铁路落后的现状，北部湾经济区中心城市可实现铁路"一小时交通圈"，并与区内和周边省份相连接，构成北部湾经济区完善的铁路

[①] 资料来源：根据有关铁路统计资料整理。其中，沿海铁路包括南防铁路173千米、钦北铁路110千米、钦港铁路30千米、黎钦铁路156千米。

网络，并将进一步优化我国快速铁路网骨架，完善地区交通体系，改善投资环境，为加快北部湾经济区的发展和珠江三角洲产业西移提供运输保证。

4.2.2 公路

高等级公路在构建完善的现代交通体系的过程中发挥着重要的作用，是现代综合交通体系的重要组成部分。经过多年的建设，广西北部湾经济区已建成出省出边高等级通道 25 条（其中高速公路 5 条），建成出海高速公路 4 条，开通国际通道运输线路 10 条。省内最长的高速公路连通了广西北部湾经济区全境，连通广东、湖南、云南，直达东盟。2005 年，南宁至友谊关的高速公路建成通车，是我国通往东盟的第一条高速公路，全长 179 千米，成为我国通往越南及东南亚地区最便捷的陆路通道，使广西与东盟的时空距离大大缩短。目前，我国正在与越南共同建设越界河（即北仑河）上的第二座跨国公路大桥，争取尽快建成南宁—河内、南宁—河内—海防—广宁两条客货运输线路，打通跨国陆路通道。此外，西南公路出海通道广西境内路段全面通车，过境地区路网的建设取得了阶段性成果。全长 718 千米联结中越过境 8 个县（市）、31 个乡镇的主通道东兴至那坡过境公路建成通车，这条公路建成后，中越过境 14 个过贸点（口岸）通了柏油公路，加快了过境地区的贸易发展。目前，广西北部湾经济区与广西各地、周边省、国家和地区的公路通道日趋完善，初步形成了通往各县、辐射周边诸省的直通运输网络。

尽管广西北部湾经济区的公路网络建设取得了明显成效，但是，经济区内公路总规模仍然偏小，密度偏低，等外路比重仍较高，经济区的公路通行能力总体仍然较差。尤其是通往东部经济发达的珠三角地区的公路通道不仅数量不足，而且等级不高，严重影响了经济区与珠三角的经济联系。南宁至友谊关的高速公路虽已建成，但由于越方未同步建设，尚未形成跨国高等级公路通道。

根据正在实施的《广西高速公路网规划》，到 2020 年，广西将建成长达 5590 千米的高速公路网，广西北部湾经济区将成为沿边国际交通枢纽。

其中重点建设的是通往沿海地区的崇左至钦州、玉林至铁山港、六景至钦州港高速公路，同时抓紧完成南宁至百色通往云南、百色至隆林通往贵州等一批出省高速公路续建项目。广西北部湾经济区各市公路里程参见表4.3。

表4.3　2007—2008年广西北部湾经济区各市公路里程[①]

城市		南宁	北海	钦州	防城港	玉林	崇左
公路里程	2007年	9956	2476	2488	3864	5760	6195
	2008年	10399	2476	2521	4766	8617	6487
等级公路	2007年	7638	2183	1317	2924	5119	4390
	2008年	8313	2183	1475	4381	5991	4973

4.2.3　航空

广西北部湾经济区航空交通发展现状可归纳为：机场建设初具规模，航线航班逐步增多，客运量跨越式增长。

中华人民共和国成立以来，广西先后建成了南宁、桂林、柳州、北海、梧州、百色6个民用机场，其中位于北部湾经济区内的有南宁吴圩机场和北海福成机场两个机场。

位于南宁市区南部，距离南宁市中心31千米、北海市200千米、崇左市97千米、百色市180千米，是桂南航空枢纽。2008年，南宁机场飞行扩建完成，新建了一条长3200米的跑道，安装了双向盲降导航设备，飞行区等级由原来的4D级上升为4E级，可起降波音747及以下机型。停机坪面积达12.4万平方米，候机楼达25888平方米，设有5座等级廊桥，可满足年旅客吞吐量250万人次需求。近两年来，新增2个E类大型飞机停机位，总停机位达18个。可承载起降目前世界上最大的客机——空中客车A380，全载起降空中客车A340、空中客车A330，以及波音747、波音777等大型客机。

北海福成机场位于北海北部近郊，于1987年3月投入使用，机场飞行

[①] 资料来源：《广西统计年鉴2009》。

区等级为 4D，现有一条长 3200 米的跑道，可满足波音 747 机型起降，具备 4E 级大型民用机场的规模。停机坪面积达 25314 平方米，可同时停放 10 架中小型飞机，候机楼面积达 27800 平方米，年旅客吞吐能力为 270 万人次，高峰期每小时吞吐量为 1350 人次。

南宁吴圩机场的定位由原来的干线机场上升为"面向东盟的国际门户枢纽机场"。目前，南宁吴圩机场开通航线 41 条，其中国内航线 37 条，通航城市达 31 个；执行国家（地区）航线 10 条，分别是南宁到香港、胡志明市、新加坡、金边、吉隆坡、雅加达、台北、曼谷、万象和仰光。每周飞行的班次由 2004 年的 400 个航班发展到 2009 年的 678 个航班。

北海福成机场开通的国内航线有 11 条，分别是北海到武汉、成都、三亚、重庆、桂林、长沙、广州、北京、上海浦东、上海虹桥和深圳，每周航班由 2004 年的 60 多个发展到 2009 年的 92 个。

4.2.4　海运

沿海港口是发展现代物流业的重要平台，也是发展临海工业的重要依托。近年来，广西北部湾经济区的港口建设投资力度不断加大，沿海港口吞吐能力显著增强。作为中国最邻近东盟的 3 个港口，防城港、钦州、北海根据分工协作、共同发展、合三为一的发展目标，初步形成以防城港为主要港口，钦州、北海为地区性重要港口的"三驾马车"总体格局，通航 70 多个国家和地区的 220 多个港口。其中，防城港拥有 15 万吨级的深水航道，钦州港、北海港分别拥有 10 万吨级、5 万吨级的深水航道。目前已新增 15 万吨级以上航道 73.86 千米，基本上解决了航道规模小制约大能力泊位建设的问题。但是，作为出海出边海上国际通道的龙头，防城港、钦州和北海的吞吐能力仍然偏小，仍不能适应国际海运船舶大型化发展的要求，海上航线、尤其是远洋航线较少，沿海港口一体化建设进程滞后，组合港的规模效益未能形成，仍需加快现代化沿海港口群的建设。

根据发展规划，现代沿海港口群建设的主要任务是整合沿海防城港、钦州、北海三港资源，重点抓好大能力专用泊位、集装箱泊位以及深水航道建设，使沿海港口向大型化、深水化、专业化方向发展，提高装卸设备技术水平，完善港口与铁路、公路联合运输系统，提高竞争力，适应临海大型工业发展的要求，满足临港工业对海洋运输的需求。

4.3 广西北部湾的自然资源概况

广西北部湾经济区具有良好的资源条件，如丰富的土地资源、水资源、岸线资源、旅游资源、生物资源、矿产资源等，开发潜力巨大[①]。

4.3.1 气候、水资源

广西北部湾经济区地处北回归线以南，属南亚热带季风气候区，光照充足，热量丰富，年平均气温在 20 ℃ 以上，平均日照在 1700 小时以上。同时，广西北部湾地区雨水充沛，年均降雨量在 1400 毫米以上，高出全国平均降雨量 630 毫米 1 倍以上。独特的气候资源对发展热带、亚热带作物和水产业都具有得天独厚的优势。

水资源方面，经济区主要河流有西江水系郁江流域、红水河流域以及桂南沿海诸河水系，总流域面积为 4.22 万平方千米。年平均水资源总量为 349.6 亿立方米，占广西水资源总量的 18.5%，人均水资源量为 2943 立方米，水质总体良好。2005 年经济区实际供水量为 67.96 亿立方米，城镇居民人均每天用水量为 194 升，水资源开发利用率为 19.44%。

4.3.2 矿产、能源资源

广西北部湾经济区矿产资源与能源丰富，已探明储量的矿产种类繁多，开发潜力巨大。南宁地处桂西南，地层发育齐全，成矿条件较好，地层内蕴藏有丰富的矿产资源。截至 2004 年底，广西北部湾经济区已发现矿产 63

---

① 以下资料来源：根据各地政府门户网站及广西北部湾网站资料整理得到。

种，探明矿产资源有 31 种，已开发利用的有 30 种，列为对国民经济建设有重要影响的有 45 种。南宁市已发现主要矿产资源 28 种，其中探明的有 19 种，潜在价值为 1512.75 亿元，优势矿产有钨、银、钒、铜、金、石灰岩、花岗岩、芒硝、耐火黏土、滑石、水晶、砂岩等，平势矿产有煤炭、锰、铝、铅、锌、硫铁矿、膨润土、高岭土、石膏等。北海市的矿产资源也十分丰富，现已探明有开采价值的有高岭土、石灰石、石膏矿等，尤其是高岭土的储量达 4.35 亿吨，居全区首位，被誉为"高岭土之乡"。目前合浦县已探明高岭土储量数亿吨，储量丰富，矿体连片，品质好，易开采。铁山港探明高岭土储量在 1 亿吨以上，且埋藏浅，易开采，非常适合开发陶瓷产业。钦州市已探明有一定储量的矿产有 30 多种，包括陶土、石膏、高岭土、铁、锰、钛铁砂矿、花岗岩等，其中石膏储量为 91 966 万吨，陶土为 171 万吨，铅锌矿为 8825 万吨，铁矿为 1090 万吨，锰矿为 591 万吨。防城港市矿藏品众多，品位高，矿点遍布全境，包括锰、钛、铝、锌、磷、云母、水晶、萤石、软玉、石英砂、金红石、独居石、花岗岩、煤、石油等 30 多种矿物资源，均具有较高的工业价值，已开发的有锰矿、钛矿、萤石、褐煤、石灰石、石英砂和花岗岩，其中石灰石、石英砂、花岗岩的储量较大，石灰石、石英砂储量在 1 亿吨以上，花岗岩的储量在 1000 亿立方米以上。

海底矿产资源和海洋能源包括：（1）海底油气资源。北部湾具有良好的储油条件，蕴藏着丰富的石油天然气资源，开发前景广阔。（2）海底矿砂资源。在北部湾海底沉积物中含有丰富的矿产，主要有钛铁矿、金红石、独居石等。（3）潮汐能和波浪能等海洋能源。这些资源具有较大开发价值，其中潮汐能开发条件良好，年发电量可达 10.8 亿度。

4.3.3 海岸线、港口资源

广西北部湾经济区大陆海岸线东起与广东交界的英罗港洗米河口，西至中越交界的北仑河口。经济区海岸线总长度 1595 千米，其中，防城港市大陆海岸线长 580 千米，钦州市大陆海岸线长 518 千米，北海市大陆海岸线长 497 千米，岛屿海岸线长 32 千米。岸线开发利用主要分为公用港口、临港工业、渔业、旅游、养殖业、保护区等，已开发利用岸线总长 17.2 千米，占全区大陆海岸线的 1.1%。其中，深水码头岸线长 9.5 千米，占港口和临港工业岸线的 55.2%，电厂占岸线长约为 5.3 千米，渔港码头岸线长 8.7 千米。港口岸线主要集中在防城港、钦州港和北海港的现有港区。

4.3.4 旅游、生物资源

广西北部湾经济区滨海风光秀丽，旅游资源丰富，主要包括海滨类、风光类、人文类、古迹类四大类。享有中国"绿城"美誉的首府南宁，赢得"中国第一滩"美誉的北海银滩，还有钦州的三娘湾，防城港的京岛风景名胜区，上思十万大山国家森林公园等，都是经济区享有盛名的旅游资源。另外，作为一个多民族聚集的地区，颇具特色的民族文化也是得天独厚的旅游资源，如壮族的服饰、铜鼓，侗族的鼓楼民居、风雨桥，京族的独弦琴、服饰、音乐舞蹈，苗族色彩斑斓的蜡染刺绣、芦笙、乐曲等。如此丰富和独特的多民族文化，为经济区发展人文旅游产业提供了支持，经济区各市都把旅游产业作为重点产业加快发展。

广西北部湾经济区属于桂东丘陵台地生态区，生物多样性丰富。该区阳光充足，雨量充沛，很适合种植亚热带农林经济作物。北部大明山和西南部的十万大山等山脉拥有丰富的森林资源，在这些山区及全区其他重点地带还分布有十多个自然保护区。2006 年南宁市、北海市、防城港市和钦州市的森林覆盖率分别为 40.77%、28.90%、58.90%和 52.30%。在中、低山和丘陵台地上，热带水果、南国花卉、速生丰产林、经济林等农业资源丰富，甘蔗、甜菜等制糖原料作物产量也十分可观，另有砂仁、淮山、半夏、茯苓、银花、桂皮等 300 多种中药材资源。

广西北部湾海域是高生物量的海域之一，海洋生物资源种类繁多。分布在该区域沿海滩涂的红树林以及周围浅海的珊瑚礁是重要的热带海洋生态系统，具有极大的科研和生态价值。北部湾天然港众多，海洋生物资源丰富，是中国著名的四大热带渔场之一。广西北部湾海域属于热带、亚热带内海，有利于各种海洋生物的快速生长和繁殖。鱼类资源有 500 多种，虾蟹类 220 多种；浅海有主要经济鱼类 50 多种、经济类虾蟹 10 多种。北部湾还是我国著名的"南珠"产地。这些海洋生物资源对发展海洋捕捞、海水养殖、海产品加工、海洋生物制药和价值物的提取以及科学研究等都有非常重要的作用。

5 广西北部湾产业空间结构现状分析

在上一章,我们了解了广西北部湾的范围及地理概况,本章我们通过定性与定量相结合的方法,着手对广西北部湾产业空间结构现状进行分析,以便为后文的机制分析、合理化评价以及产业空间结构调整的对策建议提供支撑。

5.1 广西北部湾产业空间结构总体状况

5.1.1 经济发展现状

广西北部湾经济区自 2006 年成立以来,经济社会快速发展,经济实力不断增强,开放开发不断深入,产业结构不断优化,工业化、城镇化进程明显加快,投资拉动效应显著增强,经济全面快速发展。如表 5.1 所示为 2009 年广西北部湾经济区 2009 年主要的宏观经济指标。

表 5.1 2009 年广西北部湾经济区主要宏观经济指标[①]

指标	广西	广西北部湾经济区	南宁市	北海市	钦州市	防城港市	玉林市	崇左市
地区生产总值/亿元	7759.16	3480.84	1524.71	321.06	396.18	251.04	683.49	304.36
第一产业/亿元	1458.49	682.36	212.38	77.07	114.04	39.88	152.06	86.94
第二产业/亿元	3381.54	1296.72	527.46	118.40	141.38	124.93	277.14	107.41

① 资料来源:根据广西统计年鉴 2010 的数据整理得到。

续表

指标	广西	广西北部湾经济区	南宁市	北海市	钦州市	防城港市	玉林市	崇左市
工业/亿元	2863.84	1056.28	395.80	100.71	118.1	109.73	241.11	90.83
第三产业/亿元	2919.13	1501.76	784.88	125.59	140.76	86.23	254.29	110.01
人均GDP/元	16045	16958	21829	20302	12206	29602	12033	13921
财政收入/亿元	620.99	416.28	231.37	28.10	38.02	27.39	54.67	36.73
规模以上工业总产值/亿元	8699.95	2529.95	981.65	230.88	271.45	342.65	486.52	216.80
全社会固定资产投资/亿元	5706.70	2651.4	1043.91	321.85	374.65	254.10	444.61	212.28
全社会消费品零售总额/亿美元	2790.70	1359.2	757.01	95.40	145.09	45.33	262.92	53.45
进出口总额/亿美元	142.06	98.57	27.88	7.96	8.88	21.67	3.54	28.65
实际外商直接投资/万美元	10.35	6.97	2.78	0.50	2.21	0.40	0.48	0.59

根据上表，我们从以下几个方面分析广西北部湾经济区的经济发展现状。

（1）产值水平。广西北部湾经济区"4+2"城市群2009年地区生产总值为3480.84亿元，同期广西地区生产总值为7759.16亿元，经济区生产总值占广西生产总值的44.86%。从经济区各城市来看，南宁市的地区生产总值远高于其他城市，总产值达1524.71亿元，占经济区总产值的43.80%。地区生产总值最低的是防城港市，仅为251.04亿元，不到经济区总产值的10%。从人均水平来看，经济区人均GDP为16958元，略高于整个广西16045元的平均水平。其中，总产值最低的防城港市其人均水平却是最高的，为29602元/人，主要原因是防城港人口少（2009年年末总人口仅为85.28万人），但重工业却十分发达，工业产值（109.73亿元）占总产值的43.71%，从而导致人均GDP水平很高。而玉林、钦州、崇左因人口较多，经济相对不发达，从而拉低了整个经济区的人均GDP水平。经济区三次产业产值比重依次为19.60%、37.25%和43.14%，说明经济区的第一产业比重偏高，工业水平基础薄弱（工业产值为 1056.28 亿元，仅占经济区总产值的 30.35%），拉动经济增长的因素主要是第三产业。

（2）财政收入。广西北部湾经济区的财政收入由 2006 年成立之初的 225.38 亿元增加到 2009 年的 416.28 亿元，年均增长 28.23%，高出广西平均增速 4.9 个百分点，占广西财政收入的比重由 2006 年的 39.62%提高到 2009 年的 43.83%，地区财政综合实力显著增强。其中，对经济区财政收入贡献最大的是南宁市，2009 年南宁市财政收入首次突破 200 亿元，达到 231.37 亿元，占当年经济区财政收入的 55.58%。

（3）社会投资。2009 年广西北部湾经济区全社会固定资产投资突破 2000 亿元，达 2651.4 亿元，比 2006 年的 968.67 亿元增长了近 3 倍，年均增长率 57.9%，占广西全社会固定资产投资总额的 46.46%。可见，广西北部湾经济区成立之后，全社会加大了对经济区的投资力度，其中南宁全社会固定资产投资 1043.91 亿元，占经济区总投资的 39.4%；钦州、玉林两市的总投资为 819.26 亿元，占经济区总投资的 30.90%。

（4）社会消费。2009 年广西北部湾经济区社会消费品零售总额突破 1000 亿元，达到 1359.2 亿元，占广西社会消费品零售总额的 48.7%，比 2006 年的 776.33 亿元增长了 582.88 亿元，年均增长率 25.03%。其中，批发零售业、餐饮住宿业分别由 2006 年的 677.88 亿元和 88.34 亿元，增长到 2009 年的 1188.59 亿元和 157.44 亿元，年均增长率分别为 25.11%和 26.07%；从地区来看，南宁、玉林两市的社会消费品总额为 1019.93 亿元，占经济区消费品零售总额的 75.04%。

（5）外向发展。2006 年，广西北部湾经济区进出口总额为 35.91 亿美元，到 2009 年进出口总额增长到 98.57 亿美元，年均增速 43.62%，在广西进出口总额总所占的比重由 2006 年的 53.80%增长到 2009 年的 69.37%。其中，进口总额和出口总额分别从 2006 年的 15.53 亿美元和 20.38 亿美元，增加到 2009 年的 35.88 亿美元和 62.69 亿美元，年均增长率分别为 32.75%和 51.92%，实际利用外商直接投资也由 2006 年的 4.18 亿美元增加到 6.97 亿美元，年均增长 16.66%。

5.1.2 经济发展差距

区域经济差距可以分为绝对差距和相对差距。测度区域经济差距的方法一般有标准差指数、极差指数、极比指数、变异系数、加权变异系数、基尼系数、广义熵指数和锡尔指数等。测度区域间经济差距的方法，从相对意义上可以使用极差指数和标准差指数，从绝对意义上可以使用极比指数、变异系数和锡尔系数。在一般情况下，使用标准差和变异系数完全可以同时从相对及绝对意义上测度出区域间经济差距状况[53]。标准差系数（S）和变异系数（CV）的计算公式如下：

$$S = \sqrt{\frac{\sum_{i=1}^{N}(Y_i - \overline{Y})^2}{N-1}},$$

$$CV = \frac{S}{\overline{Y}},$$

式中，Y_i 表示第 i 个地区（市、县）的人均 GDP；N 地区（市、县）个数；$\overline{Y}$ 为广西北部湾经济区 6 个城市的人均 GDP 的平均值。S 值越大，表明相对差距越大；而 CV 值越大，则表明绝对差距越大。

利用广西北部湾 6 个城市 2000—2009 年的人均 GDP 数据，根据上述公式计算出广西北部湾经济发展差距的标准差系数和变异系数，参见表 5.2。计算结果说明，近 10 年来，广西北部湾经济发展的相对差距（CV）虽然存在波动（见图 5.1），但绝对差距（S）呈明显的扩大态势（见图 5.2）。

表 5.2　广西北部湾经济区 2000—2009 年经济（人均 GDP）差距指标

年份	2000	2001	2002	2003	2004	2005	2006	2007	2008	2009
平均值/（元/人）	5440	5792	6400	6684	7766	8953	10 578	13 423	15 921	18 315
标准差/（元/人）	1959	2243	2400	2471	2809	3060	3501	4183	6436	6925
变异系数	0.36	0.39	0.37	0.37	0.36	0.34	0.33	0.31	0.40	0.38

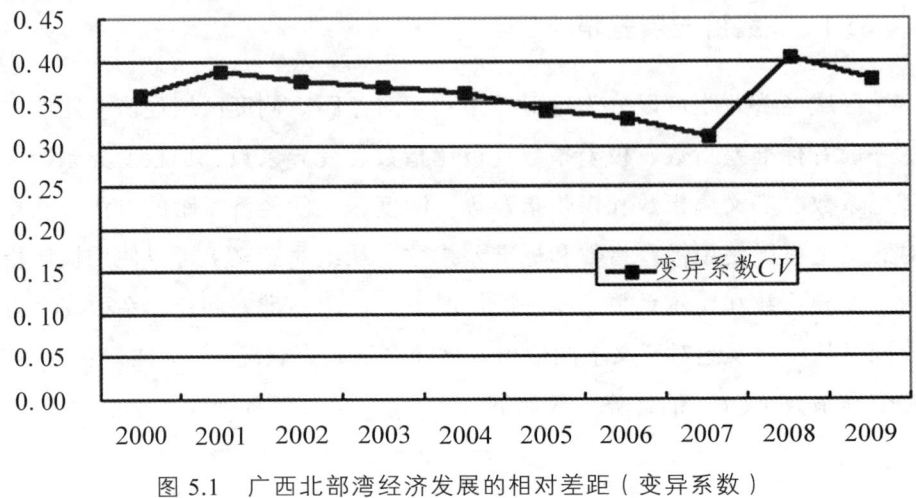

图 5.1 广西北部湾经济发展的相对差距（变异系数）

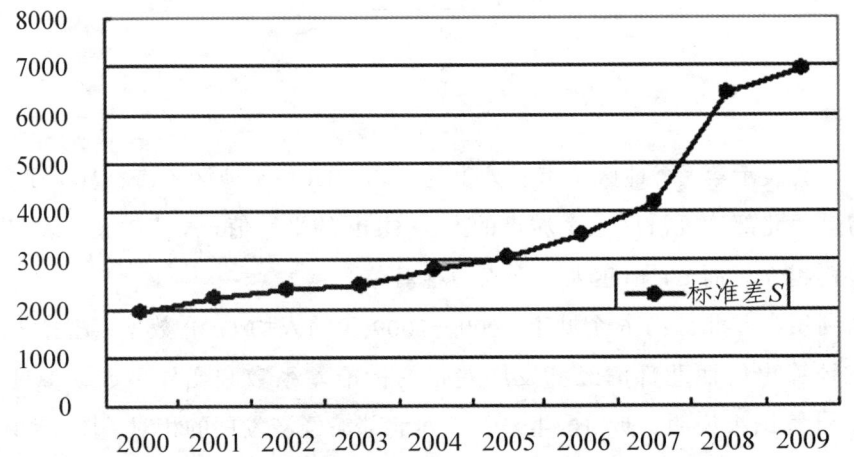

图 5.2 广西北部湾经济发展的绝对差距（标准差）

从绝对差距上看，随着经济的增长（人均 GDP 均值从 2000 年的 5444 元/人上升到 2009 年的 18 315 元/人），经济差距也在不断扩大，标准差从 2000 年的 1595 元/人增加到 2009 年的 6925 元/人，年均增长 25.35%。尤其是 2007 年之后，经济差距显著扩大，标准差从 4183 元/人扩大到 6436 元/人，增长了 53.88%。可见，自 2006 年广西北部湾经济区成立以后，地区间经济差距明显拉大，一些地区抓住机遇，借助政策优势，加快了自身发展；而其他地区都并未得到快速发展，与其他地区绝对差距反而拉大。

从相对差距来看，广西北部湾的经济发展差距呈波动态势，变异系数在 0.3~0.4 波动。总体而言，可以分为两个阶段，第一阶段是 2007 年之前，为相对缩小的阶段，变异系数从 0.36 下降到 0.31，各地经济发展较为均衡；第二阶段是 2007 年之后，为震荡上升的阶段，变异系数从 0.31 上升到 0.4，而后又下降到 0.38，总体上是上升的趋势。

无论从绝对差距还是相对差距看，广西北部湾经济区自 2006 年成立以来，经济发展差距在不断拉大。

5.1.3 人口密度与经济密度

人口密度，即单位面积内的人口数，它反映了地域人口的密集程度。人口密度的高低在一定程度上说明了该地区适合于人类生产生活的自然、经济和社会环境的优劣状况。一般来说，在制度、历史、文化相同或相近的情况下，自然条件越优越，经济发展水平越高的地区，人口密度越大。广西北部湾经济区地处广西境内，地形多样，自然条件复杂，加上经济发展的区域性差异，形成了经济区人口分布的不平衡性，人口密度的地域性差异很大。下面针对 2009 年广西北部湾经济区的统计数据进行分析（见表 5.3 及图 5.3）。

表 5.3　2009 年广西北部湾经济区人口密度与经济密度

指标	广西	广西北部湾经济区	南宁市	北海市	钦州市	防城港市	玉林市	崇左市
地区生产总值/亿元	7759.16	3480.84	1524.71	321.06	396.18	251.04	683.49	304.36
年末总人口/万人	5092	2061.94	701.3	158.97	326.18	85.28	570.76	219.45
土地面积/平方千米	235800	72703	22112	3337	10843	6222	12838	17351
地均 GDP/（万元/平方千米）	329.06	478.78	689.54	962.12	365.38	403.47	532.4	175.41
人口密度/（人/平方千米）	215.95	283.61	317.16	476.39	300.82	137.06	444.59	126.48

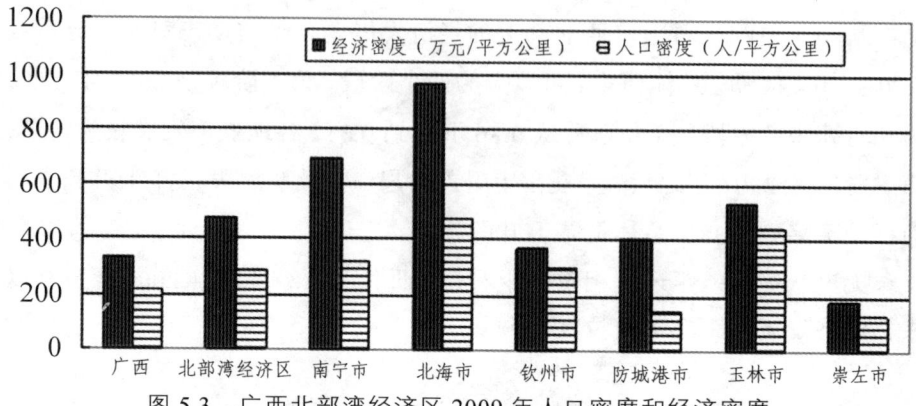

图 5.3 广西北部湾经济区 2009 年人口密度和经济密度

可以发现，2009 年广西北部湾经济区的总人口为 2061.94 万人，占广西总人口的 40.49%。其中，南宁市的人口最多，为 701.3 万人，其次为玉林市的 570.76 万人，两个地区的人口总数占经济区总人口的 61.69%。人口最少的是中越边界的防城港市，仅为 85.28 万人。就人口密度而言，人口密度最大的是北海市，为 476.39 人/平方千米，这与北海市的气候条件、经济发展、历史背景等因素有关。北海市为滨海城市，全年平均气温在 22～25℃，非常适宜人类居住。同时，北海是西南出海的重要通道，经济也较为发达。综合这些因素，因此北海市的人口密度是广西北部湾经济区最大的地区。人口密度位居经济区第二位的是玉林市，为 444.59 人/平方千米，而人口最稀少的两个城市是崇左市和防城港市，分别为 126.48 人/平方千米和 137.06 人/平方千米。这两个地区的地形特点是山地多，平地少，石灰岩分布广，经济较为落后，同时靠近中越边界。受客观条件和历史因素的制约，导致这些地区的人烟稀少，人口密度均不到经济区平均人口密度的一半。

经济密度常用地均 GDP 来表示，即单位面积的生产总值。经济密度是衡量一个地区土地生产能力或使用效率的重要指标。由于中国流动人口大，学术界通常认为地均 GDP 比人均 GDP 更能科学地反映出一个区域的经济发展程度和经济集中程度。从广西北部湾经济区 2009 年的经济密度数据来看，广西北部湾经济区的地均 GDP 为 478.78 万元/平方千米，比整个广西的平均数 329.06 万元/平方千米高出 149.72 万元/平方千米。由此可见，广西北部湾经济区是广西人口和经济发展比较集中的地方。在经济区内，地均 GDP 最高的是北海市的 962.12 万元/平方千米，是经济区平均水平的两倍多。在单位面积内，对 GDP 总量的贡献度最高，经济较为发达。地均 GDP 最低的是崇左市，仅为 152.61 万元/平方千米，不足北海市的 1/6，仅为经济区平均水平的 1/3 左右。由此可见，广西北部湾经济区内单位面积产值较高的是北海、南宁、玉林，其他地区单位面积创造的产值较低，土地利用效率不高。

总体而言，广西北部湾经济区人口密度和经济密度地区差异较大，空间差异明显。

5.2　广西北部湾产业发展的空间特征

全力推进产业发展，不断提升产业发展水平和产业竞争力，是广西北部湾经济区实现可持续、跨越式发展的重点和关键。经济区开放开发以来，三次产业的产值全面增长，重大项目推进顺利，产业结构不断升级，产业空间布局不断优化，但产业发展的空间差异日益明显。

5.2.1　产值结构空间特征

近年来，广西北部湾经济区产业经济快速发展，产业产值全面增长。第一产业比例逐步下降，第二、第三产业比例稳步提升，产业结构逐步向合理化方向转变。但不同地区之间，产业产值的空间差异仍然明显。表 5.4 是 2009 年广西北部湾经济区各地区产业产值及构成情况。

可以看出，2009 年广西地区生产总值为 7759.16 亿元，而广西北部湾经济区生产总值达 3480.84 亿元，占广西地区生产总值的 44.86%，这表明广西北部湾经济区已经成为推动广西经济增长的重要引擎。从人均水平来看，广西北部湾经济区的人均 GDP 为 16 958 元，高于广西平均水平（16 045 元），这在一定程度上说明广西北部湾经济区经济发展水平相对发达。但从三次产业产值构成来看，广西北部湾经济区三次产业产值构成比例为

19.60∶37.25∶43.14,第三产业占明显优势;同期广西地区的三次产业产值构成比例为 18.80∶43.58∶37.62,全国为 10.35∶46.30∶43.36。如图 5.4 所示。与全国相比,广西北部湾经济区农业产值比例较高,工业基础较薄弱,拉动经济区经济增长的主要靠第三产业。

表 5.4 2009 年广西北部湾经济区各产业产值及构成①

地区		各地产业产值/亿元				各地产业产值构成/%			人均GDP/元
		GDP	第一产业	第二产业	第三产业	第一产业	第二产业	第三产业	
全国		340 506.87	35 226.00	157 638.78	147 642.09	10.35	46.30	43.36	25 575.48
广西		7759.16	1458.49	3381.54	2919.13	18.80	43.58	37.62	16 045
广西北部湾经济区		3480.84	682.36	1296.72	1501.76	19.60	37.25	43.14	16 958
广西北部湾经济区各城市	南宁	1524.71	212.38	527.46	784.88	13.93	34.59	51.48	21 829
	北海	321.06	77.07	118.40	125.59	24.00	36.88	39.12	20 302
	钦州	396.18	114.04	141.38	140.76	28.78	35.69	35.53	12 206
	防城港	251.04	39.88	124.93	86.23	15.89	49.77	34.35	29 602
	玉林	683.49	152.06	277.14	254.29	22.25	40.55	37.20	12 033
	崇左	304.36	86.94	107.41	110.01	28.56	35.29	36.15	13 921

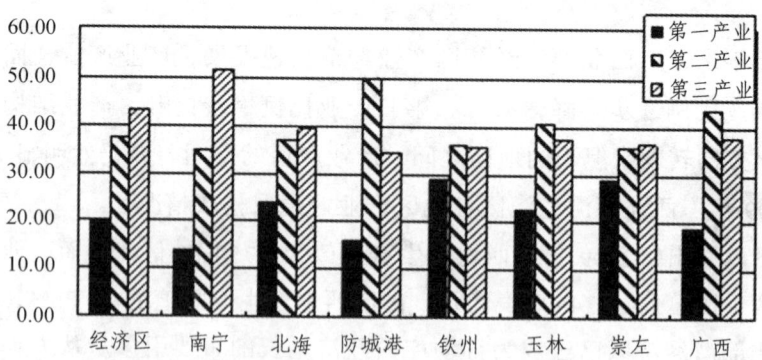

图 5.4 广西北部湾经济区 2009 年三次产业产值比重(%)

---

① 资料来源:根据 2010 年广西统计年鉴数据整理得到。

在广西北部湾经济区六个城市中，南宁市生产总值为 1524.71 亿元，占整个经济区生产总值的 43.80%，其他五个城市的生产总值均不足南宁市的一半。这表明，从经济总量上看，南宁市是广西北部湾经济区经济发展的龙头。但从人均水平来看，人均 GDP 最高的是防城港市，为 29 602 元，其次是南宁市，玉林市最低，仅为 12 033 元，不足防城港市的一半。分析内部结构发现，2003 年在统计口径上划归南宁市的马山县、上林县、隆安县等地区，人均 GDP 均不足 10 000 元，马山县仅为 6001 元/人，严重降低南宁地区的人均 GDP 水平。而防城港市临港工业较发达，第二产业产值比重是经济区内最高的，为 49.77%，创造产值很大，同时人口非常稀少，2009 年年末常住人口仅为 85.28 万人，约为南宁市总人口的 1/8，因此人均 GDP 水平最高。同样，人口相对较少的北海市凭借其港口优势和旅游资源，工业、建筑业和服务业发达，人均经济水平较高。玉林市以玉柴为龙头的工业也较发达，第二产业产值构成在广西北部湾经济区内仅次于防城港，为 40.55%，地区生产总值为 683.49 亿元，不足南宁市的一半，但人口与南宁市差不多，2009 年年末常住人口为 570.76 万人（南宁市为 701.30 万人），导致玉林市的人均 GDP 水平是经济区内最低的地区。钦州市的人均 GDP 仅比玉林市的略高，为 12206 元，从其产值构成可以看出，钦州市第一产业产值比重是经济区内最高的，达 28.58%，表明钦州市经济发展仍以传统农业生产为主，第三产业不发达，因此其人均 GDP 水平较低。

总体来说，广西北部湾经济区第一产业比重大，工业基础薄弱，第三产业虽然比重大，但服务水平低，区域内部差异明显，产业结构有待进一步优化。

5.2.2 就业结构空间特征

根据 2010 年广西统计年鉴及各地统计公报数据，整理得到 2009 年广西北部湾经济区各地就业人数与就业构成，参见表 5.5。

表 5.5 2009 年广西北部湾经济区各产业就业人数及构成①

地区		就业人数/万人				就业构成/%		
		合计	第一产业	第二产业	第三产业	第一产业	第二产业	第三产业
广西		2849	1561	516	771	54.81	18.12	27.08
广西北部湾经济区		1266.15	657.73	277.46	330.97	51.95	21.91	26.14
广西北部湾经济区各城市	南宁	401.5	203.9	67.1	130.6	50.77	16.70	32.53
	北海	77.15	39.12	16.87	21.16	50.71	21.87	27.43
	钦州	229.5	116.2	61.4	51.9	50.62	26.75	22.63
	防城港	55.3	29.4	7.4	18.5	53.11	13.37	33.51
	玉林	347.73	179.78	92.52	75.43	51.70	26.61	21.69
	崇左	155.0	89.5	32.2	33.3	57.72	20.78	21.50

可以看出，2009 年广西北部湾经济区三次产业的就业比例为 51.95∶21.91∶26.14，第一产业的就业人数超过总就业人数的 50%。同期广西地区三次产业的就业比例为 54.81∶18.12∶27.08，与经济区三次产业的就业比例大致接近。将三次产业就业比重与产值比重相比较，可以发现，各地第一产业就业比重均最大，其产值比重却是最小的（见表 5.4），而第三产业的就业人数较小，但创造的产值却是最大的，这也表明第一产业效率低，第三产业效率高。从经济区内部各地区来看，第一产业就业比重在各地区差别不大，均超过一半；而第二产业的就业比重较低的是防城港和南宁，分别为 13.37%和 16.70%，不足 20%；第三产业的就业比重较高的是防城港和南宁，分别为 33.51%和 32.53%，比重最低的是崇左，仅为 21.50%，比广西平均水平低 6 个百分点，如图 5.5 所示。第三产业作为劳动密集型产业，广西北部湾经济区第三产业显然吸纳劳动力的能力不强，第三产业规模亟待进一步扩大以增加就业；从生产效率来看，防城港市的第一产业的就业比重在经济区内仅次于崇左市，为 53.11%，但其第一产业的产值比重却是最低的，仅为 15.89%，农业效率水平极低。总体说来，广西北部湾经济区

---

① 资料来源：根据 2010 年广西统计年鉴及各地统计公报数据整理得到。

内各地三次产业就业比重相似,各地差异不大,农业劳动力占绝对多数,第三产业就业人数偏小,农业效率很低,第三产业规模较小,吸纳劳动力能力不强。

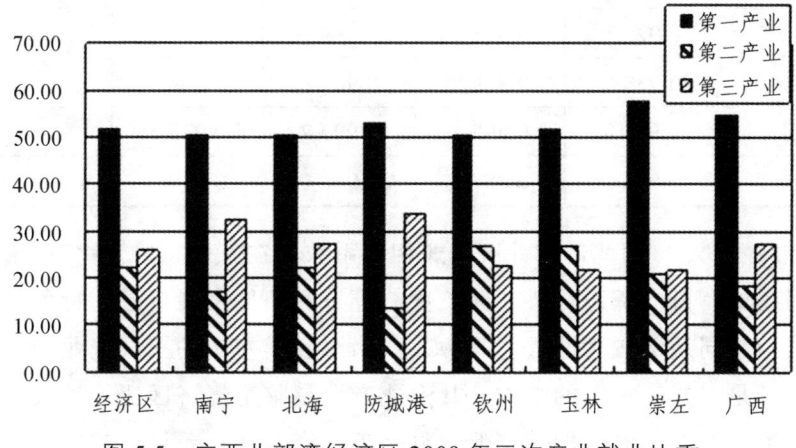

图5.5　广西北部湾经济区2009年三次产业就业比重

5.2.3　产业结构相似性特征

产业结构趋同,是重复建设的严重后果之一。近年来,国家出台了一系列政策调整产业结构,那么广西北部湾经济区产业结构趋同状况究竟如何?我们可以利用联合国工业发展组织国际工业研究中心提出的相似系数,来分析广西北部湾经济区各城市之间产业结构的相似程度。计算公式为:

$$S_{ij} = \frac{\sum_k (X_{ik} * X_{jk})}{\left(\sum_k X_{ik}^2\right) * \left(\sum_k X_{jk}^2\right)},$$

其中S_{ij}为i、j两个地区的产业结构的相似系数,X_{ik}为i地区k部门的特征值(如产值比重、就业人员比重、营业收入比重等,本书特指三次产业产值比重)。$S_{ij} \in [0, 1]$,当$S_{ij} \to 0$时,两个地区产业结构差异性越大;当$S_{ij} \to 1$时,两个地区产业结构越相似。

利用广西北部湾经济区六个城市三次产业产值比重数据,计算得到2009年广西北部湾经济区各城市的产业结构相似系数,参见表5.6。

表 5.6 2009 年广西北部湾各城市产业结构相似系数

地区 i / 地区 j	南宁市	北海市	钦州市	防城港市	玉林市
北海市	0.951 5	—	—	—	—
钦州市	0.929 1	0.993 1	—	—	—
防城港市	0.933 8	0.989 8	0.969 6	—	—
玉林市	0.965 8	0.995 1	0.993 2	0.972 5	—
崇左市	0.936 3	0.984 0	0.996 0	0.949 0	0.993 0

可以发现，广西北部湾地区产业相似系数均在 0.9 以上，各城市未能充分利用各地自身的资源优势和区位优势等有利条件发展自己的特色产业，产业结构趋同现象较为严重。其中，钦州市和崇左市的三次产业的相似性最强，都是"二三一"的结构，其农业产值是整个经济区比例最大的两个地区，第三产业产值比例均较低，只是第二产业略有差异。相比较而言，只有南宁市与钦州市的产业结构差异性较大，南宁市第三产业的比例是整个经济区最高的（达 49.91%），第一产业产值是整个经济区最低的（为 15.44%）；相反，钦州市的第三产业是整个经济区最低的（仅为 31.54%），而第一产业产值比例（为 28.58%）几乎是南宁市（为 15.44%）的两倍。

5.2.4 重大产业的空间分布

广西北部湾经济区自 2006 年成立以来，一直把产业发展尤其是重大产业项目建设作为经济区开发建设工作的重点，紧紧围绕重大产业布局，全力推进石油化工、林浆纸、能源、钢铁、铝加工、粮油食品加工、海洋、旅游和物流等临海重大产业项目建设。经过几年的发展，经济区重大产业发展取得了显著成效。自 2006 年以来，投资规模超过 10 亿元的重大产业项目达 43 项，总投资 3872 亿元，一批重大产业项目相继开工建设或正在开展前期工作。其中，沿海总装机 680 万千瓦的北海、钦州、防城港 3 个火电厂一期工程已经投产，二期工程正在抓紧开展前期工作；中石油 1000 万吨炼油、金桂林浆纸一体化、中国电子北海产业园等重大项目已经开工建设；防城港钢铁基地项目前期工作的开展已获得国家发展和改革委员会批准；芬兰斯道拉恩索林浆纸一体化项目、防城港核电项目等正在开展前期工作。随着这些项目的逐步推进，广西北部湾经济区将形成石化、林浆纸、能源、钢铁和铝加工、水泥、粮油食品加工、电子、海洋产业、高新技术产业、物流产业以及旅游、会展、金融等一批辐射能力强、带动作用大的产业集群，具体包括：沿海石化产业集群和沿海林浆纸一体化产业集群；钢铁和铝加工等冶金业；粮油食品加工等产业；电子信息、生物工程等高新技术产业；海产品深加工、海洋生物制药、海洋化工等海洋产业。广西北部湾总投资达 10 亿元以上的部分重大产业项目的空间分布[75]请参见表 5.7。

表 5.7　广西北部湾总投资达 10 亿元以上的部分重大产业项目空间分布

项目名称	投资总额（亿元）	项目概况	项目进度	所在地
钦州中石油1000万吨炼油项目	152	建设产量 1000 万吨/年的常减压蒸馏、重油催化裂化等生产装置，由中石油集团投资建设	截止 2009 年 10 月底，中石油 1000 万吨炼油项目累计完成投资 130 亿元，完成总投资计划的 85.5%。常减压装置、储运区以及 10 万吨级码头均已完工，催化裂化、连续重整、蜡油加氢裂化、柴油加氢和聚丙烯等装置均已完成或达到总体施工进度的 60%以上。项目预计于 2010 年上半年正式投产	钦州市
防城港千万吨级钢铁项目	698.8	建设规模按 1000 万吨钢规模规划（预留进一步发展的条件），其中年产铁 850 万吨、钢（坯）920 万吨、钢材 860 万吨。项目总投资 698.8 亿元	项目用地预审、环评等已取得国家相关部门的批复，项目核准申请报告已上报国家发改委待批。主厂区用地范围内应征地 5349 亩①已基本完成，工程陆地平整和围堰工程正在进行，陆域场平工程已基本完成，海域共完成造地面积约 8.5 平方千米。修建完成进厂道路 1.6 千米	防城港市

---

① 1 亩≈666.67 平方米（m²）。

续表

项目名称	投资总额（亿元）	项目概况	项目进度	所在地
钦州金桂林浆纸一体化项目	88.5	一期工程建设年产60万吨纸、30万吨纸浆的生产线，由印度尼西亚金光集团投资建设	截止到2009年10月底，金桂林浆纸一体化项目累计完成投资约34亿元。第一化机浆车间一楼、二楼的主车间工段已完成土建施工和主体设备安装，中控楼主体结构、水处理系统、污水处理厂已完成建设。第二化机浆车间已完成工程量的70%，备料车间已完成工程量的80%，动力车间已完成工程量的65%，液态包装纸车间正在进行征地，部分整地工作已经展开。项目计划2010年第一台化浆机出浆，2010年4月项目正式投产	钦州市
中国电子信息产业集团北海产业园项目	50	建筑面积25万平方米，建设整机、显示器、电源、变压器、注塑、外壳及线材、包装材料生产线及物流仓储区。业主为中国电子科技集团公司	项目已利用租用的厂房建成两条电脑生产线，年产笔记本电脑20万台。产业园内新建首栋经营约1万平方米的厂房已竣工，正在装修；10万平方米厂房已基本完成土建；1万平方米电容器及零部件生产厂房已封顶。中国电子北海产业园北海创新科存储项目已投产，累计完成投资10.6亿元	北海市
防城港红沙核电项目	690	项目建设规模为装机容量6台百万千瓦级核电机组，一级建设2台百万千瓦级电机组，总投资273.22亿元。项目由中国广东核电集团有限公司与广西投资集团公司投资建设	项目核岛勘探、可研勘探、海工勘探全部完成；厂区场平一期已完成92%；核岛负挖已经完成；实验室主楼主体建设已完成，办公室正在进行基础建设；项目配套工程进厂道路目前基本通车。2009年9月18日，一期工程可行性研究报告通过审查	防城港市

续表

项目名称	投资总额（亿元）	项目概况	项目进度	所在地
芬兰斯道拉恩索公司北海林浆纸一体化项目	220	项目建设规模为年产90万吨化学漂白桉木浆，年产90万吨纸和纸板，配套建设240万亩原料林基地	《项目申请报告》已通过中咨公司评估，项目的规划选址意见书、土地预审、环评审批和水土保持审批等前期工作已完成。项目用地征地和搬迁户搬迁工作已基本完成，配套基础设施正在抓紧建设	北海市
中石油大型石化物流项目	200	建设容积2000万立方米原油储备库，由中石油集团国际事业有限公司投资建设	截至2009年9月项目已完成投资23.3亿元。保税港区内项目一期、二期2700亩用地已完成2500亩用地推填，三墩岛2700亩用地已完成300用地推填	钦州市

5.3 广西北部湾城市空间结构分析

城市经济的发展主要依靠第二、第三产业比重的上升和农业比重的下降，产业结构的完善与优化直接决定了一个国家或地区的城市化水平；反过来，城市是区域的核心和区域产业发展的重点依托，一个国家或地区的城市之间的功能联系和等级体系决定了该地区的产业发展水平和空间布局。因此，研究区域产业空间结构离不开对城市空间结构的分析。

分析城市空间结构主要涉及两个方面：一是城市内部结构，二是城市外部联系。从产业的角度，对城市内部结构的分析，主要分析其等级规模和支持城市发展的产业体系；而对城市外部联系的分析，主要分析城市之间相互作用的方式、内容和强度等空间联系问题。

5.3.1 城市产值及等级规模分析

城市等级规模结构体系是指一个国家或区域内各类城市的规模层次与

分布的总体构成,同时城市等级规模也反映了一个地区城市空间结构分布的平衡程度[54]。城市的等级规模按照非农业人口数量划分为四等:100万以上的为特大城市;50~100万为大城市;20~50万为中等城市;20万以下的为小城市[55]。根据广西北部湾经济区各城市市辖区非农业人口等统计数据,整理得到各城市的等级规模和产值情况,参见表5.8。

表5.8 广西北部湾经济区城市等级及产值情况(2008年)

城市级别	城市名称	人口（万人）	市产值（亿元）	比例①（%）	市辖区三次产业构成(%)		
					第一产业	第二产业	第三产业
≥100万	南宁	135.54	941.43	71.53	7.64	34.47	57.88
50~100万	—	—	—	—	—	—	—
20~50万	北海	27.97	198.05	63.10	17.55	44.88	37.57
	钦州	21.00	158.49	41.99	32.85	29.37	37.78
	玉林	21.94	195.66	32.29	11.00	38.64	50.36
<20万	防城港	17.59	151.86	71.57	12.84	56.63	30.52
	崇左	8.84	53.11	20.06	25.74	33.86	40.40

可以看出,在广西北部湾6个城市中,中小城市居多,特大城市有南宁一个,城市人口为135.54万人;50~100万人口的大城市没有;20~50万人口的中等城市有北海、钦州、玉林3个;防城港、崇左均为人口小于20万的小城市。分析其结构可以看出,广西北部湾经济区城市群呈现出明显的首位分布特点。首位城市南宁的城市人口基本上是其他城市人口的5倍以上,最小的城市(崇左)人口不到9万,中小城市规模小。更为明显的是,50~100万人口的大城市没有,从特大城市到中等城市出现断层,难以衔接城市之间的功能联系。从产值规模来看,首位城市南宁市辖区地产值为941.43亿元,占同期南宁地区总产值(1316.21亿元)的71.53%(比例比较高的还有北海、防城港,分别为63.10%、71.57%),表现出明显的"核心—外围结构"。从产值的地区比较来看,南宁的市辖区产值明显高于其他城市,几乎是最小城市(崇左)产值的20倍,市辖区的产值规模也佐

---

① 此处的比例为市辖区区产值占该地区总产值的比例

证了广西北部湾经济区城市的首位分布特征。从产值构成来看，南宁市的第三产业比重最高，达 57.88%，发达的第三产业也表明在这些地区中南宁市的经济发展水平高，除南宁、玉林以外，其他地区的第三产业比重都小于 50%；第二产业比重最高的是防城港市，达 56.63%，防城港的工业比较发达，但其他地区的第二产业比重都在 45%以下，整体工业基础薄弱；第一产业比重最高的是钦州市，为 32.82%，经济较为落后。总体看来，广西北部湾经济区城市群工业基础薄弱，第三产业发展滞后，第一产业比重高，经济较为落后，且产业构成在空间上出现分异。

5.3.2 城市之间相对作用强度分析

城市间相互作用强度是指城市间相互吸引、相互联系的强度。英国人口统计学家雷文茨坦（E. G. Ravenstein）将牛顿引力模型用于社会科学研究，提出了经济引力模型，用于反映城市之间的相互作用强度[56]。该模型将城市的经济能量看作是城市质量，城市的经济能量与两个因素有关：一是经济规模，可以用城市总人口来反映；二是城市经济总量，可以用国内生产总值表示。雷文茨坦认为城市间相互作用强度与城市规模成正比，与城市间的距离成反比，计算公式为：

$$E_{ij} = K \cdot \frac{\sqrt{P_i V_i \cdot P_j V_j}}{R_{ij}^2},$$

其中，E_{ij} 是 i 城市与 j 城市之间的相互作用强度；P、V 分别为城市的总人口和地区生产总值；R 为两个城市之间的距离；K 是能量折损系数。在交通、通信等相关条件一定的情况下，K 为常数，并可以用统计数据和数学方法求出[57]，这里假设 K 为 1。

分析 E_{ij} 的计算公式可以看出，E_{ij} 计算出的数据纲量单位一般为百万元·万人/平方千米，分母的平方千米并未明确代表任何一个城市的面积，故其绝对量的大小往往没有明确的经济含义，何况我们使用这一指标主要是比较各个城市之间作用强度的相对大小。因此，我们需要对计算出的 E_{ij} 进行无量纲化处理，以便对各个城市之间相互作用强度进行排序。进行无量纲化处理的方法有很多，如初值法、均值法、最小值法、最大值法、标准化法等。本书为了对作用强度进行排序，采用最小值法进行无量纲化，即使用作用强度最小值去除以每一作用强度，得到相对作用强度 e_{ij}，即 $e_{ij} = \dfrac{E_{ij}}{E_{\min}}$，这样作用强度最小的两个地区间的相对作用强度为 1。

根据上述公式，利用广西北部湾经济区各城市的人口、地区生产总值和各城市之间的距离，计算得到各城市之间的相对作用强度（见表 5.9）。经济、人口数据来源于 2010 年广西统计年鉴，距离数据来源于广西壮族自治区地图册。

表5.9 广西北部湾各城市之间的相对作用强度（2009 年）

城市	北海	钦州	防城港	玉林	崇左
南宁	8.54	23.47	21.64	14.97	17.87
北海	—	7.02	4.21	4.43	3.08
钦州		—	23.89	3.44	8.37
防城港			—	1.00	4.16
玉林				—	1.31

由表 5.9 可知，玉林和防城港之间的相对作用强度最小，联系最松散。其次是玉林和崇左，因为防城港的人口和产值都比较小，分别为 85.28 万人和 251.04 亿元，且玉林和崇左、防城港两市的距离相对而言是最远的，因此玉林和这两市的作用强度较小，经济联系不大。在这 6 个城市中，相对作用强度最大的是南宁和钦州以及钦州和防城港，分别是玉林和钦州之间的相对作用强度的 23.47 倍、23.89 倍。由于这三个地区彼此相邻，且南宁作为首位城市，对周围城市的辐射作用大，而钦州和防城港之间经济联系密切，因此这三个地区之间的相对作用强度大，经济联系密切。

分析这些数据后，我们可以清楚看到，广西北部湾经济区 6 个城市之间的相对作用强度比较分散，相对作用强度差异较大（最大值是最小值的 20 多倍），这表明 6 个城市之间的相互作用在空间上呈分离态势，空间不均衡性问题突出。

5.3.3 空间相关性分析

空间相关性分析是分析一个区域地理事物的某一属性与其他空间同种属性值之间的关系，是探索性空间数据分析（Exporatory Spatial Data Analysis，ESDA）的核心内容。空间相关性分析常用的度量指标是空间自相关指标，用于测度和检验 i 地区某一事物的属性值（GDP）是否显著地与 j 地区同种事物的属性值具有相似的取值和趋势（空间正相关）还是具有相反的取值和趋势（空间负相关），判断它的分布是有规律的（集聚或间隔式）还是随机的，是空间单元属性值聚集程度的一种度量[58]。

空间自相关指标有全局自相关和局部自相关。全局自相关是描述属性值在整个区域的空间特征，但它不能探测全局各个组成部分之间的相关性。在区域总体空间差异较小的情况下，局部空间差异可能较大。当需要进一步考虑是否存在局部空间集聚、哪个区域单元对全局自相关贡献最大以及空间自相关的全局评估在多大程度上掩盖了反常的局部状况时，就必须应用局部自相关指标，本书采用的就是局部自相关指标（Local Indicators of Spatial Association，简写为 LISA）。LISA 用来测度以每个地理单元为中心的一小片区域的集聚或离散效应，可用于识别空间集聚（热点或冷点）与离群点。其计算公式为[59]：

$$LISA_{(i)} = \frac{(x_i - \bar{x})\left(\sum_{j=1}^{n} w_{ij} \cdot (x_j - \bar{x})\right)}{S^2},$$

其中，$LISA_{(i)}$ 表示 i 地区与其他地区的空间自相关系数，n 为样本数，x_i 为 i 区域的观测值（本书为人均 GDP），w_{ij} 是空间权重矩阵 W 的元素，表示地域空间单元的邻近关系，其取值规则为：

$$w_{ij} \begin{cases} 1 & \text{区域} i \text{与区域} j \text{相邻，且} i \neq j \\ 0 & \text{其他} \end{cases},$$

空间权重矩阵 W 表示为：

$$W = \begin{bmatrix} w_{11} & w_{12} & \cdots & w_{1n} \\ w_{21} & w_{22} & \cdots & w_{2n} \\ \vdots & \vdots & & \vdots \\ w_{n1} & w_{n2} & \cdots & w_{nn} \end{bmatrix},$$

$$\bar{x} = \frac{\sum_{i=1}^{n} x_i}{n}, \quad S^2 = \frac{\sum_{j=1}^{n}(x_j - \bar{x})^2}{n-1},$$

若令 $Z_i = \frac{x_i - \bar{x}}{S}$，另外，易知，$Z_i$，$Z_j$ 是经过标准化的观测值，则上式可改写为：

$$LISA_{(i)} = Z_i \cdot \sum w_{ij} Z_j,$$

利用人均 GDP 计算得到的空间自相关系数 $LISA_{(i)}$，可以了解 i 区域与其相邻地区的空间相互关系。若 $LISA_{(i)} > 0$，表示 i 地域与相邻地区的人均 GDP 间存在正相关性，且绝对值越大，正相关性越强；若 $LISA_{(ij)} < 0$，表示 i 地区与相邻地区的人均 GDP 间存在负相关性，且绝对值越大，负相关性越强。因 $LISA_{(i)}$ 由两部分组成，一部分是 i 地区的 GDP 与均值的偏差 Z_i，另一部分是 i 地区与其相邻地区的关系 $\sum w_{ij} Z_j$，所以可能存在以下四种类型的关联模式，参见表 5.10。

表 5.10　区域空间自相关模式

类型	特征值	区域特点
扩散效应区	$Z_i > 0$ $\sum w_{ij} Z_j > 0$	该区域与相邻地区的人均 GDP 都高于整个经济区的平均水平，具有同步高增长的趋势，相邻地域的增长与中心地区的增长正相关，形成空间"扩散效应"
集聚效应区	$Z_i > 0$ $\sum w_{ij} Z_j < 0$	该地区人均 GDP 高于经济区平均水平，而相邻地区人均 GDP 低于经济区平均水平，中心与相邻地区的经济增长存在显著的空间负相关，形成空间"集聚效应"
过渡区	$Z_i < 0$ $\sum w_{ij} Z_j > 0$	该地区人均 GDP 低于经济区平均水平，而其相邻地区人均 GDP 高于经济区平均水平，在空间上出现经济增长凹陷，这类区域一般处于高速增长区与低速增长区之间
低速增长区	$Z_i < 0$ $\sum w_{ij} Z_j < 0$	该地区与相邻地区人均 GDP 都低于经济区平均水平，呈现出正相关，形成一个低速增长的空间交集区

利用广西北部湾经济区各地区 2009 年的人均 GDP 数据，根据上面介

绍的空间局部自相关模型,得到局部自相关数据,并根据数据特征,判断出各地区所属的区域类型,结果参见表5.11。

表5.11 广西北部湾经济区空间自相关分析结果

地区	Z_i	$\sum w_{ij}Z_j$	$LISA_{(i)}$	特征值符号	区域类型
南宁	0.507	0.113	0.057	$Z_i>0$, $\sum w_{ij}Z_j>0$	扩散效应区
北海	0.287	-1.517	-0.435	$Z_i>0$, $\sum w_{ij}Z_j<0$	集聚效应区
钦州	-0.882	1.517	-1.338	$Z_i<0$, $\sum w_{ij}Z_j>0$	过渡区
防城港	1.630	-1.009	-1.645	$Z_i>0$, $\sum w_{ij}Z_j<0$	集聚效应区
玉林	-0.907	-0.595	0.540	$Z_i<0$, $\sum w_{ij}Z_j<0$	低速增长区
崇左	-0.635	2.137	-1.356	$Z_i<0$, $\sum w_{ij}Z_j>0$	过渡区

分析表5.11可知,南宁地区的人均GDP高于整个经济区的平均水平($Z_i>0$)。(2009年南宁人均GDP为21 829元,整个北部湾经济区的平均水平为18 315.5元),周围地区与之呈正相关关系($LISA_{(i)}>0$),周围地区的人均GDP随中心地区的增长而增长,属于扩散效应区。近年来,南宁市由于其快速发展受城市用地成本、劳动力成本和政策法规等的制约,现着力发展高新技术产业和物流、商贸等现代服务业,传统产业不断向周边地区扩散。北海、防城港地区人均GDP高于整个经济区的平均水平,但周围地区与之呈负相关关系($LISA_{(i)}<0$),即中心地区GDP水平高,而周围地区GDP水平低,属于集聚效应区。钦州、崇左地区人均GDP水平低于整个经济区的平均水平,分别为12 206元和13 921元,而周围地区与之呈负相关关系($LISA_{(i)}<0$),从地理上看,其左侧是高速增长的南宁地区,右侧是低速增长的玉林地区,处于高速增长地区与低速增长地区的过渡区。玉林地区人均GDP低于经济区平均水平,仅为12033元,而周围地区的人均GDP都高于该地区,在整个经济区为低速增长区。

5.4 广西北部湾产业结构对经济增长影响的空间差异——基于偏离-份额分析法

分析产业结构优劣对经济增长的影响常用偏离-份额分析法(Shift-

Share Analysis，简称 SS 分析法），该方法具有较强的综合性和动态性，能有效地揭示区域与城市产业结构的优劣，在西方的区域经济研究中被广泛采用。偏离-份额分析法由美国经济学家丹尼尔·B. 克雷默（1942）首创，后经达恩（E. S. Dunn）和埃德加·M. 胡弗（Edgar. M. Hoover）发展深化。20 世纪 80 年代初，邓恩综合众多学者的分析思路，将偏离-份额分析法总结成现在普遍采用的形式并得到广泛使用。

5.4.1 基本原理

SS 分析法的基本思想是：一个地区的经济增长率为地区内各产业部门增长率的加权平均数，而各部门经济增长率在实际中存在很大的差异，为了区分这种差异对区域经济增长的影响，将区域经济增长分解为一个地区增长份额项和两个差别项。地区增长份额项是假设目标区域（本书为广西北部湾经济区）的各个产业以标准区域（本书为全国）的全部产业增长率增长时，区域经济的增长水平。地区增长份额项反映目标区域经济增长在标准区域中所占的份额。差别项包括产业结构偏离份额项和竞争力偏离份额项（也称区位份额），是将目标区域的经济增长与标准区域的经济增长联系起来比较。若一个地区的产业结构以快速增长的部门为主，则会推动该地区的经济快速增长，导致该地区经济增长率高于标准区域的平均水平，并称该目标区域的产业结构为有利增长结构，其产业份额大于零；反之则称不利增长结构，产业份额小于零。从竞争力因素来说，一个区域的区位状况对该地区的要素投入生产率具有直接影响。拥有区位优势的区域，其要素生产率要高于处于区位劣势区域的要素生产率，竞争力份额大于零；反之，其竞争额份额小于零。

5.4.2 分析模型

假设区域 j（$j=1,2,3\cdots n$）在基期（t_0）的经济总规模为 $G_j(t_0)$（通常使用国内生产总产值 GDP 或就业人数表示，本书采用 GDP），报告期（t）

的经济总规模为 $G_j(t)$。同时，依照一定的规则，把区域经济划分为 n 个产业部门（本书按三次产业划分），分别以 $G_{ji}(t_0)$、$G_{ji}(t)$（$i=1,2,3$）表示区域 j 第 i 个产业部门在基期（t_0）与报告期（t）的规模，以 $G(t_0)$、$G(t)$ 表示标准区域在相应时的基期与报告期经济总规模，以 $G_i(t_0)$、$G_i(t)$ 表示标准区域基期与报告期第 i 个产业部门的规模。则 j 地区 i 产业的产值增长量为：

$$\begin{aligned}\Delta G_{ji} &= G_{ji}(t) - G_{ji}(t_0) \\ &= G_{ji}(t_0)\left[\frac{G_{ji}(t)}{G_{ji}(t_0)} - 1\right] \\ &= G_{ji}(t_0)\left[\frac{G_{ji}(t)}{G_{ji}(t_0)} - \frac{G_i(t)}{G_i(t_0)}\right] + G_{ji}(t_0)\left[\frac{G_i(t)}{G_i(t_0)} - \frac{G(t)}{G(t_0)}\right] + G_{ji}(t_0)\left[\frac{G(t)}{G(t_0)} - 1\right]\end{aligned}$$

上式中则包含了区域经济增长的三个份额分量：

（1）竞争力份额（区位份额）分量 DS_{ji}。$DS_{ji} = G_{ji}(t_0)\left[\frac{G_{ji}(t)}{G_{ji}(t_0)} - \frac{G_i(t)}{G_i(t_0)}\right]$，其中 $\left[\frac{G_{ji}(t)}{G_{ji}(t_0)} - \frac{G_i(t)}{G_i(t_0)}\right]$ 表示从 t_0 到 t 时期 j 区域 i 产业增长率与全国 i 产业增长率之差。DS_{ji} 反映了该区域与全国水平相对比，在发展某个产业方面所具有的区位优势或劣势。j 区域所有产业的竞争份额分量之和即为竞争力份额（区位份额），即 $DS_j = \sum_{i=1}^{3} G_{ji}(t_0)\left[\frac{G_{ji}(t)}{G_{ji}(t_0)} - \frac{G_i(t)}{G_i(t_0)}\right]$。若该区域具有区位优势，则 $DS_j > 0$，反之 $DS_j < 0$。

（2）产业结构偏离份额分量 PS_{ji}。$PS_{ji} = G_{ji}(t_0)\left[\frac{G_i(t)}{G_i(t_0)} - \frac{G(t)}{G(t_0)}\right]$，其中 $\left[\frac{G_i(t)}{G_i(t_0)} - \frac{G(t)}{G(t_0)}\right]$ 表示从 t_0 到 t 时期将标准区域 i 产业的增长与标准区域所有产业的增长（即全部经济活动的增长）进行比较，用于说明 j 区域的 i 产业随全国 i 产业增长而增长的情况。j 区域所有产业的结构偏离份额分量之和即为该区域的产业结构偏离份额 PS_j，即 $PS_j = \sum_{i=1}^{3} G_{ji}(t_0)\left[\frac{G_i(t)}{G_i(t_0)} - \frac{G(t)}{G(t_0)}\right]$。若该区域以快速增长型产业为主，则 $PS_j > 0$，反之则 $PS_j < 0$。

（3）地区增长份额分量 RS_{ji}。$RS_{ji} = G_{ji}(t_0)\left[\dfrac{G(t)}{G(t_0)}-1\right]$，其中 $\left[\dfrac{G(t)}{G(t_0)}-1\right]$ 为全国总增长率，因此地区增长份额分量表示假定 j 区域的 i 产业从 t_0 到 t 时期以全国（标准区域）总增长率得到的增长量，即按全国平均增长率发展所产生的变化量。将 j 区域的所有产业的地区增长份额分量加总求和即得到地区增长份额 RS_j，即 $RS_j = \sum_{i=1}^{3} G_{ji}(t_0)\left[\dfrac{G(t)}{G(t_0)}-1\right]$。

根据以上分析，则总偏离为：$(PS+DS)_j = PS_j + DS_j = \Delta G_j - RS_j$，表示在一定时期内，目标区域（本书为西部十二省、市、自治区）实际增长与地区增长份额之间的差值。则区域 j 的经济增长 ΔG_j 可分为三个部分：地区增长份额 RS_j，产业结构偏离份额 PS_j 和竞争力份额（区位份额）DS_j，因此有 $\Delta G_j = RS_j + PS_j + DS_j$。

5.4.3 实证分析

为了分析广西北部湾经济区产业结构对经济增长的影响以及产业竞争力，本书以 2006 年广西北部湾经济区成立为分界点，选取 2003—2006 年和 2006—2009 年的数据为样本，并分别以 2003 年为基期、2006 年为报告期和 2006 年为基期、2009 年为报告期进行比较研究（数据来源于 2004—2010 年的《广西统计年鉴》和 2010 年的《中国统计年鉴》）。根据上面所介绍的模型，分别对样本数据进行偏离-份额分析，得到广西北部湾经济区的全国份额（RS_j）、产业份额（PS_j）、竞争力份额（DS_j）以及总偏离（PS_j+DS_j），参见表 5.12。

对各地区三次产业进行明细处理，得到各产业的产业份额和竞争力份额（见表 5.13 和表 5.14），以便分析各地区三次产业对经济增长的影响以及产业结构竞争力。

下面，我们从以下两个方面分析广西北部湾经济区成立对经济增长的影响及产业竞争力。

表 5.12 广西北部湾经济区各市偏离-份额分析表（单位：亿元）

地区	2003—2006 年					2006—2009 年				
	总增长 (ΔG_j)	全国份额 (RS_j)	产业份额 (PS_j)	竞争力份额 (DS_j)	总偏离 (PS_j+DS_j)	总增长 (ΔG_j)	全国份额 (RS_j)	产业份额 (PS_j)	竞争力份额 (DS_j)	总偏离 (PS_j+DS_j)
广西北部湾经济区	822.33	674.79	-43.91	191.46	147.55	1437.28	1256.31	-15.63	196.6	180.97
南宁市	367.62	277.67	-15.92	105.87	89.95	654.57	534.94	20.79	98.84	119.63
北海市	59.5	77.43	-4.92	-13.01	-17.93	121.42	122.73	-5.42	4.11	-1.31
防城港	47.63	39.77	-2.18	10.04	7.86	131.42	73.53	-2.33	60.22	57.89
钦州市	89.74	85.83	-8.76	12.67	3.92	151.11	150.66	-11.55	12	0.45
玉林市	170.3	135.24	-6.54	41.6	35.06	268.43	255.17	-8.72	21.99	13.26
崇左市	87.54	58.84	-5.59	34.29	28.7	110.33	119.28	-8.4	-0.55	-8.95
广西	2093.37	1511.28	-60.22	642.3	582.09	2930.66	2968.39	-44.07	6.34	-37.73

表 5.13 2003—2006 年广西北部湾各市三次产业偏离-份额明细表（单位：亿元）

地区	第一产业			第二产业			第三产业		
	RS_1	PS_1	DS_1	RS_2	PS_2	DS_2	RS_3	PS_3	DS_3
广西北部湾经济区	190.55	-44.62	-18.21	203.71	36.77	123.55	280.53	-36.06	86.11
南宁市	52.85	-12.38	-1.75	82.03	14.81	52.01	142.79	-18.36	55.61
北海市	21.59	-5.06	-5.76	23.66	4.27	11.10	32.18	-4.14	-18.34
防城港市	11.02	-2.58	-2.55	13.26	2.39	11.42	15.49	-1.99	1.17
钦州市	38.56	-9.03	-14.98	20.54	3.71	25.84	26.73	-3.44	1.82
玉林市	44.03	-10.31	-1.68	50.14	9.05	-1.29	41.08	-5.28	44.56
崇左市	22.49	-5.27	8.51	14.08	2.54	24.48	22.27	-2.86	1.29
广西	360.41	-84.39	104.17	556.94	100.52	213.13	593.93	-76.35	325.00

表 5.14 2006—2009 年广西北部湾各市三次产业偏离-份额明细表（单位：亿元）

地区	第一产业			第二产业			第三产业		
	RS_1	PS_1	DS_1	RS_2	PS_2	DS_2	RS_3	PS_3	DS_3
广西北部湾经济区	290.52	-90.14	9.41	450.44	-63.52	177.11	515.35	138.03	10.08
南宁市	82.61	-25.63	21.02	182.77	-25.77	73.15	269.55	72.20	4.67
北海市	30.65	-9.51	6.07	50.32	-7.10	-6.66	41.77	11.19	4.70
防城港	15.89	-4.93	3.08	31.40	-4.43	46.89	26.25	7.03	10.25
钦州市	51.84	-16.09	-6.05	53.64	-7.56	8.06	45.18	12.10	9.99
玉林市	68.68	-21.31	-7.03	91.38	-12.89	50.01	95.10	25.47	-20.99
崇左市	40.85	-12.67	-7.69	40.93	-5.77	5.66	37.50	10.04	1.47
广西	634.73	-196.94	-11.77	1154.87	-162.86	510.97	1178.79	315.73	-492.85

1. 从经济区整体来看

由表 5.12 可知,在 2006 年广西北部湾经济区成立之前,总增长(ΔG_j)822.33 亿元高于全国份额(RS_j)647.79 亿元。由分析模型可知,RS_j 表示目标区域(广西北部湾经济区)各产业按全国平均增长率增长所得到的增长量,总增长大于全国份额表明,经济区增长率大于全国的平均增长率,从后面的总偏离大于零也说明了这一点。总偏离包含了产业份额(PS_j)和竞争力份额(DS_j):(1)产业份额(-43.91 亿元)小于零,反映了经济区产业结构以传统产业为主,技术、知识密集型、附加值低的产业比重少,产业素质低、消耗大、附加值低,经济区各城市三次产业偏离份额明细表更能说明其内部结构(见表 5.13)。从表 5.13 来看,经济区第一、第三产业的产业结构偏离份额均小于零,说明第一产业仍以传统农业为主,经济效率低;第三产业以传统的餐饮、零售业等生活性服务业为主,生产性服务业少,生产效率低,增长速度慢。(2)竞争力份额(191.46 亿元)大于零,说明广西北部湾经济区由于其优越的地理位置,区位优势较为明显,尤其是发展第二产业、第三产业区位优势明显,使得其竞争力份额都大于零。再从竞争力份额年均增长率来看,在广西北部湾经济区成立之前,经济区竞争力份额的年均增长率(3.92%)小于广西竞争力份额的年均增长率(5.87%),说明广西北部湾经济区的区位优势并没有得到充分发挥。

广西北部湾成立四年之后,总增长(1473.28 亿元)约为成立前四年(822.33 亿元)的两倍。其中,产业份额明显提高,从原来的-43.91 亿元提高到-15.63 亿元,产业结构逐步得到优化,高新技术产业、现代服务业等增进型产业的快速发展。从 2006—2009 年广西北部湾经济区各市三次产业偏离份额明细表(见表 5.14)可以看出,优化最为明显的是第三产业,其产业份额从原来的-36.06 亿元提高到 138.03 亿元。经济区加快了物流、金融等生产性服务业的发展,使得其产业份额明显提高,但第一、第二产业仍然没有大的调整,依旧以传统农业、传统工业为主,现代农业、先进制造业发展不足。从竞争力份额来看,经济区成立之后,区位优势明显得到发挥,竞争力份额提升为 196.6 亿元,高于全广西的竞争力份额（6.34 亿元）,竞争力份额的年均增长率（2.41%）远高于广西竞争力份额的年均增长率（0.03%）。分析表 5.14 可以发现,对竞争力份额提升贡献最大的是第二产业,占竞争力份额的 90.1%,可见,经济区成立之后,由于地理位置和政策倾斜等因素的影响,工业发展的区位优势得以充分发挥,尤其是发展临港工业的区位优势明显,使得第二产业的竞争力份额大幅提升。

2. 从经济区各城市来看

广西北部湾经济区成立之后,产业份额和竞争力份额都大于零的只有南宁市,这表明南宁市近年来充分发挥其广西首府优越的区位条件,加大了结构调整力度,通过大力发展高新技术产业（电子信息产业、生物制药等）、先进制造业和现代服务业,产业素质大幅提高,拉动了南宁市的经济增长。经济区成立之前,产业份额和竞争力份额均小于零的是北海市,总偏离（即产业份额和竞争力份额之和）为-17.93 亿元,大大制约了北海市的经济增长,这表明北海市在经济区成立之前产业素质低,产业发展的区位优势不明显。但经济区成立之后,北海市的竞争力份额由负转正,作为西南出海的重要通道,区位优势得以发挥。总偏离由正变负的是崇左市,在 2006 年经济区成立之前,总偏离为 28.8 亿元,产业份额和竞争力份额对经济增长还有正效应；而 2006 年后,总偏离反而变为-8.95 亿元,这说明崇左市在经济区成立之后,产业结构没有大的调整,甚至在全国产业结构调整的洪流中衰退了,区位优势没有得到充分发挥,使得第一产业、第二产业的产业份额和竞争力份额都明显下降。在经济区六市中,竞争力份额变化最为明显的是防城港市,由 2006 年的 10.04 亿元大幅提升到 60.22 亿元,这表明防城港市在经济区成立之后,利用港口优势,大力发展临港重化工业,区位优势得以充分发挥。其他地区的偏离-份额特征参见表 5.15,这里不再一一赘述。

表 5.15 广西北部湾经济区各市经济增长的偏离-份额因素分类

分类特征值		地区	
		2003—2006 年	2006—2009 年
$PS_j<0$	$DS_j<0$	北海市	崇左市
$PS_j<0$	$DS_j>0$	广西、广西北部湾经济区、南宁、钦州市、防城港、玉林市、崇左市	广西、广西北部湾经济区、北海市、钦州市、防城港、玉林市
$PS_j>0$	$DS_j>0$	—	南宁市

5.4.4 实证结论

（1）广西北部湾经济区成立后，产业份额和产业竞争力呈分离态势。总体而言，各地区产业份额均为负（南宁除外），竞争力份额均为正（崇左除外）。同一地区的产业份额和竞争力份额相差也很悬殊，二者呈分离态势，这都说明广西北部湾经济区增长型产业比重不大，但因自身资源优势及政策倾斜，区位优势还较明显。

（2）产业结构有所调整，但产业竞争力提高程度不够。从三次产业比重来看，经济区成立后第一产业比重下降，第二产业比重变化不大，第三产业比重上升，说明西部产业结构确实有所调整。但从产业份额来看，经济区成立以后，产业份额仍然为负，说明经济区增长型产业比重不大，产业竞争力提高程度不够，相对于全国平均水平而言。产业结构调整的道路依然漫长。

（3）加快推进广西北部湾开放开发，必须提升产业竞争力。产业竞争力是提高区域经济增长的核心，发展科技含量高、附加值大的环保型产业是加快广西北部湾经济发展、提高经济增长质量的方向所在。

5.5 广西北部湾产业空间结构存在的问题

1. 工业结构性问题突出，存在产业结构虚高度化现象

由于多种原因，广西北部湾经济区错过了很多发展机会，也很少得到

国家重大项目支持。近年来，广西北部湾经济区开始建设重大项目，但由于临海重化工业处于起步阶段，目前经济区主导产业仍以食品（主要是制糖业）、建材等资源加工型产业为主，与我国其他沿海地区相比，第二产业实力不强，特别是工业发展处于中低水平。2009年，广西北部湾经济区三次产业比为 19.60∶37.25∶43.14，成"三、二、一"结构，而同期广西三次产业比为 18.80∶43.58∶37.62，全国为 10.35∶46.30∶43.36，均为"二、三、一"结构。与广西三次产业相比，经济区第一产业、第二产业比重低于广西水平，第三产业高于广西水平；但与全国相比，经济区第一产业比重偏大，第二产业比重偏小。经济区内这种第三产业高比例的现象，是在第二产业尤其是工业发展落后的前提下完成的，并不是发达国家第二产业充分发展下的"三、二、一"的结构，实质是产业结构的虚高度化现象。

长期以来，广西北部湾经济区工业发展一直比较落后。2009年，南宁、北海、钦州、防城港、玉林、崇左六市的工业增加值在广西14个市中，分别排名第2、第12、第9、第10、第4和第13位，六市工业增加值合计为1056.28亿元，仅占广西工业增加值（2895.34亿元）的36.48%。同期柳州、桂林、梧州、百色四市工业增加值分别为 588.07 亿元、354.05 亿元、215.91 亿元和 191.66 亿元，仅柳州、桂林两市的工业增加值之和（942.12 亿元）就占广西工业增加值总额的32.54%，连后起之秀的百色市的工业增加值也超过了北海、钦州、防城港。2009年，广西的工业产值比重为36.91%，而广西北部湾经济区的工业产值比例为30.35%，同期全国为39.72%。与全国相比，经济区的工业区位商为0.76；而与广西相比，经济区的工业区位商为0.82。

上述数据表明，当前广西北部湾经济区第二产业基础薄弱，工业发展滞后，工业规模化程度较低，发展不平衡，重型化程度不高，主要以轻工业为主，工业结构性问题突出，经济发展主要靠第三产业来拉动。根据产业结构研究规律，随着经济的发展，先是在第一产业产值构成下降的基础上，第二产业产值构成上升，进而在第二产业产值构成下降的基础上，第三产业产值上升。而北部湾经济区第三产业产值比重一直处于较高水平（43%左右），而且这是建立在第二产业产值比重较低、第二产业尚待发展的前提下，属于典型的产业结构"虚高"现象。虽然第三产业产值所占比重较大，但层次较低，主要以批发、餐饮、零售等生活服务为主，而以金融、物流为代表的现代服务业才刚刚起步。广西北部湾经济区急需增强第二产业的实力，提升第三产业的层次，产业结构有待进一步优化升级。

2. 产业层次低，高科技产业薄弱，产业集群数量少

虽然广西北部湾地区立足资源优势，形成了制糖、有色金属冶炼等比较优势产业，但资源优势并未转化为竞争优势，广西北部湾经济区内已形成的产业集群数量少，总体上还处于起步阶段。经济区内多数园区行业兼容性差，主导行业不突出，尚未形成具有显著竞争力的产业集群，产业园规模小，数量少，使得产业集群竞争力水平低，经济辐射带动能力弱，无法通过专业化分工获得规模经济，使其竞争力优势难以持续，带动区域经济发展的能力不强。经济区的许多产业与自身相比，虽然有了很大的发展，但与国内其他地区相比，经济区产业发展水平和经营层次、经营效率、经营效益仍然比较低。经济区现有产业关联度不高，联动和带动性不强，产业规模属于小型化、短链条，对周边地区产业发展的吸纳、辐射作用不大，特色不突出，整体竞争力弱。同时，积累的技术、人才、市场等要素资本不多，企业文化不深，人文环境不优，目前已落户和开工建设的重大项目不足，已投产的大型企业也不多，产业配套水平不高。

从产业层次上讲，广西北部湾经济区内传统产业比重偏高，高新技术企业占工业企业总数的比重偏低。截止2009年底，广西北部湾经济区国家级高新技术产业开发区仅1个，自治区级高新技术产业园1个，拥有高新技术企业58家，虽已初步形成了以生物制药、信息光电一体化、先进制造技术、海洋生物技术、电子元器件等为主导的高新技术群体，但高新技术产业的总体规模还不够大，高新技术产业还未成为经济发展的主导，新兴产业尤其是技术含量高的电子信息产业、生物工程与制药、新材料、新能源、精细化工等新兴产业的发展明显滞后，其规模、带动力、影响力有限，先进制造业技术和信息化建设在工业化发展中的作用还有待加强。服务业发展方面，经济区内服务业企业总量不足，优势没有得到充分发挥，批发零售贸易、餐饮业、交通运输业、金融保险业、房地产业虽然形成了一定

的规模,但带动力、影响力还局限在比较小的范围内,没有提升到更高的层次。与东部发达地区相比,经济区的服务业发展水平较低,生产性服务业比重低,传统服务业比重大,现代服务业在经济发展转型中的关键作用还远未发挥。

3. 各城市间经济发展差距较大,且差距呈扩大态势

从前文对广西北部湾产业空间结构总体状况的分析可以看出,广西北部湾经济区各城市之间的经济发展差距较大,经济向中心城市集聚,首府南宁的地位进一步强化。

(1)从地区生产总值来看,2009年广西北部湾6个城市中,南宁的地区生产总值占经济区地区生产总值的比重接近一半,为43.80%(南宁总产值为1524.71亿元)。地区生产总值最小的防城港市仅为251.04亿元,占经济区总产值的比重仅为7.21%,不足南宁市的1/6,可见经济区内经济总量发展差距较大。

(2)从人均水平来看,人均GDP值最小的玉林市(12 033元/人),不足值最大的防城港市(29 602元/人)的一半,人均差距明显。

(3)从工业总产值来看,规模以上工业总产值最低的是崇左市,为216.80亿元;而南宁规模以上工业总产值为981.65亿元,是崇左市的4倍多,工业发展差距较大。

(4)从财政收入上看,财政收入最小的防城港市仅为27.39亿元,而财政收入最大的南宁市(231.37亿元)几乎是防城港市的10倍,财政收入差距显著[①]。

从前文对广西北部湾经济发展的相对差距(以变异系数CV指标衡量)的分析中可以看出,虽然相对发展差距呈波动态势,但总体上而言,相对差距呈扩大趋势。因此,无论从绝对差距还是相对差距来看,广西北部湾经济区自2006年成立以来,各城市之间经济发展差距较大,且呈扩大态势。

---

① 数据来源:上述数据来源于广西统计年鉴2010.

4. 区域内部集聚程度不高，产业空间联系处于低序状态

区域内部集聚程度是反映区域城市群内部产业分工是否合理、空间竞争是否有序、区域市场运行是否高效、城市群结构体系发育是否成熟的重要标志，也是判断城市群内部是否存在合作型的有序竞争的重要依据。一般选用城市群紧凑度指标来衡量城市群内部的集聚程度。城市群紧凑度是指城市群形成与发育过程中，所体现出的城市（城镇）、产业、资源、交通、技术等物质实体按照一定的经济技术联系在空间上的集中程度[60]。适度的紧凑是城市群综合效益最大化的集中体现，城市群紧凑度过大、过低都不利于城市群的健康发展。如果将全国城市群内部紧凑度指数从高到低分为四个层次，则相关研究和统计表明，广西北部湾经济区城市仅处于低度紧凑层次（见表 5.16）。

表 5.16 中国城市群体综合紧凑度的聚类分级表[71]

紧凑等级	城市群名称
高度紧凑	无
紧凑	京津冀城市群、长三角城市群、珠江三角洲城市群
中度紧凑	山东半岛城市群、辽东半岛城市群、武汉城市群、关中城市群
低度紧凑	哈大长城市群、成都城市群、重庆城市群、闽南金三角城市群、 浙中城市群、长株潭城市群、广西北部湾城市群
不紧凑	黔中城市群、赣北鄱阳湖城市群、滇中城市群、兰白西城市群、哈大长城市群、呼包鄂城市群

可以发现，广西北部湾城市区域内部集聚程度不高，内部的产业分工与整合、空间竞争、市场竞争等都处于低序状态，主要表现在区域产业结构冲突、基础设施建设与产业发展不配套等方面。

5. 基础设施建设相对滞后，经济腹地支撑能力不强

近年来，虽然广西北部湾经济区的基础设施建设（特别是交通基础设施建设）发展迅猛，硬件条件明显得到改善，但是由于缺乏相关人才、经验、管理体系等原因，管理、服务等"软件"方面跟不上。这方面较为突出的问题主要表现为以下几个方面。

（1）铁路方面。广西北部湾沿海铁路是"非国铁"，属地方管辖铁路，运价偏高，且运营管理、车皮调度、运价换算等都未列入国家统筹范围。据统计，广西沿海铁路实际运价平均为 0.0946 元/（吨·千米），比国有铁路运价平均水平高出 0.21 元/（吨·千米）。

（2）航空方面。经济区内有南宁、北海两个机场，但南宁、北海机场通往周边国家和地区的航线少，航班密度低。

（3）海运方面。经济区内有北海、钦州、防城港三个港口，但港口码头结构不合理，公共码头偏少、货主及专用码头偏多，装卸效率不高。在港口管理和技术方面，缺乏与国际接轨所需的电子商务、集装箱电子检查系统以及熟悉国际环境的经营管理方面的人才。

这些因素促使广西北部湾经济区交通成本偏高，与周边竞争地区（如湛江）相比处于明显劣势。据海关部门统计，目前西南地区超过一半的进出口货物是从湛江港进出的。

广西北部湾地处华南、西南和东盟经济圈的结合部，位于中国—东盟、泛北部湾、大湄公河次区域、中越"两廊一圈"、泛珠三角、大西南经济圈等多个区域的交汇点，经济腹地广阔，主要的经济腹地有中国西南地区、泛珠三角洲地区以及东盟地区。但在实际运作中，真正起到经济腹地作用的还是中国西南地区，而西南地区属经济欠发达地区，尚处于工业化发展的初期或中期阶段，现代农业不发达，产业发展阶段、产业结构等与广西北部湾经济区高度相似，难以为北部湾经济区的发展提供强有力的支撑。

6. 对外开放合作水平有待提高

近年来，广西北部湾经济区积极融入中越"两廊一圈"、大湄公河次区域、泛珠三角区域等多区域合作中，特别是与中国-东盟全面合作、中国-东盟自由贸易区建设结合起来，以开放合作促开发建设，务实推进泛北部湾经济合作，使合作从共识走向了实践。但就目前而言，广西北部湾经济区对外开放合作水平仍有待提高。例如，在园区发展上，引进大企业、大项目不多，外部资源集聚程度不高；在港口合作上，虽然与国内外大型港航企业的合作有了初步进展,但实质性的合作还需进一步深化;与东盟的合作虽然有了较快发展,但总体水平还不高。2008年,北部湾经济区与东盟贸易额约为20亿美元,仅占中国与东盟贸易额的1%,仅为广度与东盟贸易额的3.5%[61]。因此,广西北部湾与泛北部湾的经济合作仍有待深化,在合作机制、合作内容、合作领域等方面仍有待进一步探讨,合作水平有待提高。

6 广西北部湾产业空间结构的形成与演化机制

区域经济学、产业经济学研究表明，产业及其空间布局是区域经济发展的核心，是区域经济地域单元或经济地域系统核心的物质内容。产业空间结构形成与演化机制，就是分析区域产业空间结构形成与演化的影响因素，它是研究区域产业结构和空间结构的类型、特征、形态、功能、发展趋势的基本前提。因此，研究广西北部湾产业空间结构的运动机制对区域产业空间结构调整优化是非常有必要的。

6.1 区位、资源禀赋与广西北部湾产业空间结构的形成与演化

6.1.1 区位特点与广西北部湾产业空间结构的形成与演化

广西北部湾经济区背靠云、川、贵、渝西南腹地，东邻粤、港、澳经济圈，西接越南，并与泰国、老挝、柬埔寨、缅甸等国为近邻，南与新加坡、马来西亚、菲律宾等国隔海相望。就地理位置来看，广西北部湾经济区是东南亚与中国大陆的契合点，具备参与现代国际分工的极其有利的外向化区位优势，兼具东南亚市场便利的海路交通十字架，区位优势十分明显。

广西北部湾经济区的区位优势明显，表现在中国和东南亚、沿海和内陆的双重契合上。首先，广西北部湾经济区作为沿海区域具有对内外两方面的功能：一方面，通过吸收西南地区的产品、资源、劳务，直接或经过

深加工，而后打入国际市场，实现由内向外的辐射；另一方面，通过吸收国外资金、技术、知识和管理经验，经过消化、创新并向西南转移，实现由外向内的辐射。因此，广西北部湾在西南地区同国外经济技术交流中具有双向枢纽作用。其次，广西北部湾经济区东邻发达的粤港澳经济圈，背靠欠发达的大西南地区，处于经济梯度差异较大的两大区域的结合部，而且它们之间的连接有着便利的水上通道，广西北部湾经济区成为两大区域之间产业转移的节点。因此，广西北部湾经济区在东西经济交流中起着重要的枢纽作用。

广西北部湾经济区在建设和发展过程中具有的双重枢纽作用将日益扩大。首先，随着广西北部湾经济区与大西南之间的铁路、水路、航空等基础设施的逐步完善，北海、防城港、钦州等港口的改扩建完成，海陆空立体交通网络逐步形成，西南经广西北部湾各港吞吐的物资量将大大增加，那么广西北部湾经济区作为西南与沿海发达地区和国外之间物流枢纽功能将空前加强。其次，随着广西北部湾经济区经济发展条件的逐步改善，内联外引规模将日益扩大，经济技术基础不断雄厚，对先进技术的消化和转移能力日渐加强，那么广西北部湾经济区作为西南与东部沿海地区、国际之间的资金、技术、知识、管理经验的交流枢纽功能必将迅速扩大。再次，随着往东南外向经济的逐步发展，对外贸易的专业公司、代理和咨询、信息、会展、商业、仓储等设施和机构的建设和完善，以及驻外贸易机构和客商代理网点的扩大，广西北部湾经济区将逐步形成出口产品生产基地和北部湾与大西南之间的出口产品生产体系，使其充分发挥其在西南的对外贸易枢纽作用，促进西南经济开放开发[69]。

随着欧美、北美等经济圈的建立，在国际经济区域化潮流的影响下，东南亚国家间的经济合作也在不断加强。冷战后，随着包括越南在内的东南亚国家对外开放的进程逐步加快，东南亚已逐步成为国际投资的"热点"地区，经济增长势头强劲。东南亚国家在资源、经济结构方面与我国具有同构性和互补性，双边经贸关系源远流长，近年来的经贸合作更是取得了长足发展。东南亚国家的煤、铁、石油和有色金属等矿产资源优势突出，为我国所急需；我国日用消费品和部分重工业化产品也深受东南亚国家欢迎，双边经济具有重要的互补性。在沿海经济快速国际化的背景下，广西北部湾地区具备开辟东南亚市场、开展与东南亚国家经贸合作最有利的区位条件。充分利用沿海、沿边的区位优势，着力发展石油、化工、钢铁等临海产业，将大大促进广西北部湾经济区临海产业空间结构的形成。

6.1.2 资源禀赋与广西北部湾产业空间结构的形成与演化

自然资源作为劳动对象，是影响区域产业空间结构形成与发展的重要因素，尤其是地方性资源对形成具有比较优势的产业结构有着决定性的作用。从斯密的绝对比较利益学说、李嘉图的相对比较利益学说到赫克歇尔与俄林的生产要素禀赋理论，都从不同角度说明了资源禀赋是一个地区参与社会劳动分工的客观基础，禀赋的区域性差异是区域产业布局的内在前提。合理的产业布局必须发挥本区域自然条件和资源禀赋的比较优势，才能降低企业成本，提高经济效益，促进国民经济高效健康发展。

资源禀赋要素对地区产业空间结构的形成有着重要的影响。就北部湾经济区而言，多类型的资源组合为广西北部湾经济区产业空间结构的形成奠定了坚实的物质基础，是经济区产业空间结构形成与演变的主要机制之一。

广西北部湾经济区具有丰富的亚热带和热带农林资源、矿产资源、海港和海洋资源等资源禀赋，开发潜力巨大。丰富的农矿资源及临海资源为广西北部湾经济区产业发展奠定了坚实的物质基础，推动经济区产业空间结构的形成与演化，尤其是广西沿海地区拥有优良的港口集群资源，使广西北部湾经济区的石化、钢铁制造、装卸运输等临海产业的发展具备了得天独厚的优势。广西北部湾经济区"4+2"城市群各地的产业构成参见表6.1，通过分析各地的资源情况发现，经济区内各城市就是基于资源要素禀赋来选择自己的产业发展方向的。

1. 依托农业资源优势形成的农业产业空间结构

广西北部湾经济区地处北回归线以南，属南亚热带季风气候区，光照充足，热量丰富，雨量充沛；同时土地资源丰富，经济区土地总面积为7.27万平方千米，人口不到3000万，人口密度远低于东部沿海地区，人均耕地

1亩以上。独特的气候资源与土地资源对发展热带、亚热带农作物种植都具有得天独厚的优势。甘蔗、沙田柚、荔枝、龙眼、芒果、香蕉、优质稻谷、剑麻、速生丰产林等热带、亚热带农作物是经济区主要的农业产品。各地根据自己的资源特点和社会经济环境，形成了各自独具特色的农业产业结构。

表 6.1　广西北部湾经济区产业比较

地区	支柱产业	主导产业	优势产业
南宁市	食品加工、铝加工、化工、造纸、建材、机械制造、房地产、旅游等	以交通运输、商贸、科技、旅游等为主的第三产业	食品加工、造纸、铝加工、机械、化工、生物制药、电子信息
北海市	旅游、高新技术产业、海洋产业和现代农业	电子信息、海洋生物、生物制药、新材料	海洋产业、水产业等
钦州市	能源、石化、造纸、粮油加工、冶金、船舶修造	制药、建材、造纸、制糖、化工、电子	港口工业、特色种植业、旅游业等
防城港市	粮油加工、钢铁、电力、化工	蔗糖业、水产养殖	蔗糖业、水产养殖
玉林市	机械制造、建材、陶瓷、食品、制药	机械制造、水泥陶瓷、生物制药、服装皮革	机械制造、建材、陶瓷等
崇左市	糖业、锰业、林浆纸	糖业、锰业、林浆纸、旅游	糖业、锰业

南宁地处北回归线以南，位于亚热带季风气候区域，年平均气温为 22.3 °C，年平均降雨量达 1300 毫米，全年无霜日 355 天以上，自然条件和生态环境优越。南宁拥有丰富的农产品资源、动植物资源、森林资源以及中草药资源，是广西重要的农产品生产基地，初步形成了具有南亚热带区域特色的粮食、蔗糖、水果、蔬菜、食用菌、畜牧、桑蚕、木薯、水产、商品林等十大产业，这些产业占全市农业总产值的 95% 以上。

北海土地肥沃，阳光充足、雨量充沛，一年四季均适宜农作物的生长和养殖业的发展，尤其适合亚热带农、林、经济作物的种植。北海主要农产业有粮食、花生、红黄麻、甘蔗、蚕桑、亚热带水果、三黄鸡、合浦鹅、海鸭和海鸭蛋、优质瘦肉型猪等。

防城港市农业的支柱产业是糖料蔗产业、水产品养殖与加工、林特产种植与加工；特色产业是"五红五金"，即红姑娘红薯、红龙果、红莲雾、红衣花生、红八角和金花茶、金蜜桔、金香糯、金肉桂、金菠萝。

钦州市属亚热带海洋性季风气候区，充足的光照、充沛的雨水、肥沃的土壤以及丰富的水资源对开发种植热带、亚热带的优质水果（如荔枝、龙眼、芒果、香蕉、甘蔗等）和经济作物十分有利。

钦州的主要产业包括热带水果、食品加工、蔬菜、速生丰产林、水产业等。

玉林是广西重要的杂交水稻制种基地和优质稻生产基地，年产杂交稻种子1.5万吨。玉林的优质谷产量，肉类产量，家禽饲养量均居广西第一，蔬菜、桑蚕、果蔗产业也很发达。

崇左市根据自身土地、气候等资源优势，形成了甘蔗、木薯、水果、剑麻、茶、蔬菜、中药材、指天椒等八大特色产业，其中蔗糖一直是崇左的优势支柱产业，是全国产蔗产糖第一大市。食用菌和乌龙茶是崇左的两个农业新兴产业。

2. 依托矿产、海洋等资源优势形成的工业产业空间结构

北部湾是中国沿海最后一片未开发的"处女地"，这里有丰富的土地资源、水资源、矿产资源、海洋资源和大气资源，港口资源十分丰富，开发潜力巨大。充分利用广西北部湾经济区的资源优势，大力发展资源加工业，打造制造业的航空母舰，逐步形成自己的工业产业结构。

（1）石油化工产业是北部湾重点发展的产业。北部湾已探明石油储量2256万吨，天然气350亿立方米。广西北部湾经济区利用便于进口原油的港口条件和南海丰富的油气资源，建设钦州大型炼油基地，发展油品加工等石化产品。目前中石油在钦州投资的800万吨炼油厂已经正式动工，中石化则着手进行60万吨北海炼油厂的搬迁扩容，一个千万吨的大型钢厂正在紧锣密鼓地筹备。

（2）造纸业。广西北部湾经济区利用适宜种植速生林的优势，建设钦州、铁山港大型林浆纸基地，生产高、中档造纸系列产品，发展林浆纸一体化产业，形成沿海林浆纸一体化产业群，同时积极发展木材综合加工。

（3）海洋业。北部湾海洋资源十分丰富，港口及海洋渔业、油气、矿产、旅游、滩涂、生态资源丰富。广西北部湾经济区积极发挥海洋资源优势，大力培育发展了海产品深加工、海洋生物制药、海洋化工等海洋产业。

（4）冶金业。广西北部湾经济区按照国家钢铁政策要求，实施产品结构调整，加快淘汰落后钢铁产能，提高产品附加值。广西铝资源丰富，经济区积极发展技术含量高、市场竞争力强的铝加工项目，建设南宁铝深加工产业，开发高端铝板带箔材和铝箔坯料、交通运输车辆用材、集装箱用材、航空用材、复合包装用材等精深产品。

3. 依托港口资源形成临港产业

临港产业是指在港口经济辐射区内，以港口为中心、港口城市为载体、综合运输体系为动脉，依托港口资源和运转优势发展起来的运输业、服务业、商贸业、加工业和信息业等有关产业集群，一般包括服务于港口的临港服务业（海运业、集疏运业、仓储业）、依托于港口的临港工业（造船业、钢铁、石化、电力等）和临港派生产业（金融保险、房地产、饮食、商业等服务业及其他配套工业）。临港产业的发展一方面促进了依托港口的各种相关产业的发展，另一方面为港口的正常运营提供了必要的设备条件和港航服务，综合作用下促进港口地区的经济发展。依据各产业与港口经济的关联程度及产业发展顺序，可将临港产业分为临港直接产业、临港关联产业、临港依存产业、临港派生产业（见表6.2）

表6.2 临港产业分类分析[74]

产业分类	产业特征	主要行业
临港直接产业	港口作为交通运输节点最基本的产业，其他产业都是在此基础上发展而来的	港口卸装
临港依存产业	以港口存在和港口条件为主要选择依据而设立的产业部门	造船业、钢铁、石化、粮油生产等

续表

产业分类	产业特征	主要行业
临港关联产业	与港口的卸装主业有着前后关联的产业部门	海运业、集疏运业、仓储物流等
临港派生产业	建立在沿海一定范围内、与港口直接产业、港口关联产业、港口依存产业的经济活动有关的产业；市区直接和间接与港口直接产业、关联产业、依存产业的经营活动有关的其他产业	金融、保险、房地产、餐饮、商业等服务业

在上表中，临港直接产业是指港口的装卸主业以及港口企业所经营的全部产业，这是港口作为交通运输节点最基本的产业，也是港口最先发展起来的产业。随着港城联系进一步加强，产业链的进一步延伸，以临港型工业为代表的依存产业逐渐发展起来。临港依存产业就是指以港口存在为主要选择依据而设立的产业部门，建立在港口及港口区域一定范围内并依港口而布局的重化工业、制造业、加工业如造船业、钢铁、石化等。从发达国家港口发展的经验来看，，临港依存产业往往被选择作为港口发展的重点，因为临港依存产业的发展对临港直接产业、临港关联产业和临港派生产业都具有极强的带动作用，从而带动港口周边地区的经济社会发展。临港关联产业是指与港口主业有着前后联系的产业部门。当港城关系发展到集聚和港城一体阶段，通过上游、下游和横向的产业联系，衍生出为港口提供各种服务的关联产业，如海运业、集疏运业、仓储物流业等。正是由于临港关联产业的存在，使港口成为整个物流体系的重要环节。临港派生产业主要指建立在沿海一定范围内的港口服务业，包括与港口直接产业、港口关联产业、港口依存产业的经济活动有关的金融、保险、房地产、饮食、商业等服务业。临港派生产业虽然只是为港口流通业和工业提供服务的产业，但一旦形成规模之后，对吸引港口物流以及临港依存产业的发展具有较强的推动作用，并逐渐成为港口地区新的经济增长引擎。

6.2 产业集聚与广西北部湾产业空间结构的形成与演化

6.2.1 产业集聚机制分析

产业集群是指在某一特定区域，大量联系紧密、不同规模等级的产业企业以及相关机构通过分工协作，形成的纵横交错的网路关系的空间集聚体。从经济学的角度来看，产业集聚的优势在于规模效应的作用，包括内部规模效应和外部规模效应。内部规模效应即企业的规模报酬递增效应，随着企业规模扩大到一定范围，企业生产某一产品的平均成本下降，生产规模报酬递增；外部规模效应是指众多企业集聚同一地点，共同分享公共基础设施，大大降低企业生产成本的效应。从社会学的角度来看，众多企业集聚在一起，建立起共同文化背景下的人与人之间的信任，一方面增加了企业之间的信用度，另一方而可以更好地了解顾客的消费需求，维持老顾客，吸引新顾客，降低交易费用。从技术角度来看，企业集聚可以加强企业之间的交流和学习，形成创新氛围，促进知识和技术的创新与扩散，产生知识外溢，实现产品和技术创新。

按照新经济地理学的观点，产业空间集聚是三种市场效应综合作用的产物。

（1）内部市场效应，又称本地市场效应。内部市场效应指不同产业集聚于同一区域，其集聚水平越高，产品种类就越多，越能满足消费者多样化的需求，本地市场需求规模扩大，这将吸引更多的厂商从外地迁入，促进产业集群。

（2）价格指数效应。价格指数效应指各类产业集聚于同一区域，分工更细，中间投入品种类增多，则集聚区内的产业在不需要或较少需要运输成本的前提下，就可以获得自己需要的中间产品或最终产品，从而降低了整个价格水平。同时，由于运输成本的节约，可能导致工资率提高，从而吸引更多的劳动力流入，继而吸引更多的厂商迁入，创造更多的就业机会，如此循环，形成正向反馈机制，推动区域产业集群。

（3）空间规模效应。由于本地市场效应和价格指数效应的共同作用，产业在同一区域集中，城市规模扩大，产生空间规模效应。也就是说，城市由于产业集聚扩大规模以后，一般价格指数下降，市场需求规模扩大，这将吸引更多的厂商迁往大城市，从而扩大就业机会，进一步扩大城市规模，产生城市经济空间规模效应。

6.2.2 产业园区化趋势

所谓产业园区化，就是指政府通过组织规划并制定相应的产业发展政策，导致在一定的地域空间内，某一个或几个特定产业规模集聚并迅速发展的区域化整合发展趋势。通俗地讲，产业园区化就是指令某个或多个产业在一个专门的区域内进行生产，形成上下产业链，降低生产成本，达到集聚效应。产业园区化的理论基础是产业集群理论。该理论认为，产业集群有利于提升产业竞争力和国家竞争力，对产业竞争力的影响，主要体现在以下几个方面：（1）提高集群中企业的劳动生产率；（2）促进创新，加快技术进步；（3）诱发新企业和新服务的产生与成长；（4）以产业链的关联和供应商网络化为特征的地方生产网络逐步形成，公共设施的利用效率提高。由于产业集群所带来的协调效应、溢出效应和自强化效应，使得基于产业集群的园区经济在生产效率、交易效率、产业组织优化等方面具有明显的竞争优势。在全球化背景下，产业园区发展成为城市经济发展的主要趋势。

在全球化背景下，广西北部湾经济区的产业发展也呈现出明显的园区化趋势。2009年底，《广西北部湾经济区重点产业园区布局规划》（以下简称《规划》）获得广西壮族自治区人民政府批准实施，标志着广西北部湾经济区29个重点产业园区布局已经明确，正式进入到全面开发建设的新阶段。根据《规划》，广西将在北部湾地区布局 29 个产业园区，总面积达 689.6 平方千米。其中，南宁市 11 个，北海市 6 个，钦州市 5 个，防城港市 4 个，玉林市 1 个，崇左市 2 个。

在这 29 个产业园区中，自治区重点支持的有 11 个，具体包括：南宁

—东盟经济开发区（含台湾—南宁轻纺产业园）、南宁六景工业园区、北海电子产业园、北海铁山港工业区、防城港企沙工业区、防城港大西南临港工业园、广西钦州保税港区、钦州石化产业园（含台湾—钦州石化产业园）、钦州港综合物流加工区（含湖南—钦州临港产业园）、玉林龙潭产业园、广西凭祥综合保税区。除此之外的南宁高新区等其余18个重点产业园区由各市重点推进。未来5年，广西将倾力打造北部湾重点产业园区集群，积极承接东部产业转移，加强与周边省份、地区合作开发产业园，探索园区合作新模式，加快北部湾经济区以石化、钢铁、林浆纸、电子信息等为重点的产业集群发展，进一步提高广西北部湾经济区产业竞争力。

《规划》的目标是力争通过3~5年的努力，至2012年，29个重点产业园区争取实现总产值5906亿元；至2015年，总产值争取达到1.11万亿元。《规划》提出，经过若干年的努力，广西北部湾经济区将初步建成以钦州、北海石化项目为重点的西南地区最大的石油化工基地；以防城港钢铁项目为龙头的区域性现代化钢铁城；以北海、南宁电子产业为主导的北部湾"硅谷"；以北海、钦州林浆纸一体化项目为核心的亚洲最大的林浆纸一体化产业基地；以钦州保税港区为重点的面向中国西南和东盟的功能强大的保税物流体系；在南宁打造全国最大的鞋城之一；在防城港打造全国最大的磷酸生产出口基地；建设以凭祥、东兴为重点的对东盟贸易为主的外贸基地。《规划》计划把29个重点产业园区建设成为北部湾经济区最强劲的经济增长区域，形成产业结构合理，互补性强，在西南及泛北部湾地区具有较强竞争力的现代产业体系。

重点产业园区的开发建设是广西北部湾经济区下一步的发展重点，是经济区产业发展的新突破口，必须作为当前和今后一段时间广西北部湾经济区开放开发工作的重点；要以重点产业园区开发建设的突破带动广西北部湾经济区优先发展，实现全区的快速、持续、协调发展。

6.2.3 广西北部湾产业集聚状况分析

近年来，随着中国—东盟自由贸易区建设进程的不断加快，国家西部大开发战略的大力推进,《广西北部湾经济区发展规划》的深入实施,广西北部湾各地尤其是工业基础较好的地区,先后出现和形成了一批具有地方特色和竞争优势的产业群。例如,南宁市的食品加工、高新技术、物流、金融、信息服务、化工与精细化工、生物制药等产业集群;北海市的海洋生物制药、林浆纸、电子信息、水产品加工等产业集群;钦州市的石化工业、林浆纸、船舶制造等产业集群;防城港的钢铁工业、石化工业、建材工业等产业集群;玉林的机械制造、陶瓷、服装皮革产业集群;崇左的林浆纸、锰业、制糖产业集群。

分析北部湾各地区产业集聚情况,可以发现,广西北部湾经济区产业集聚有如下特点:

(1)产业集聚具有"资源型"特点,都是以本地的资源优势和区位优势,在当地具有比较优势的特色产业的基础上发起来。

(2)以中小企业网络化发展形成集群,大型、特大型企业较少(如南宁、北海的电子信息产业、生物制药等产业集群),规模较小。

(3)集群产业企业具有明显的地域"根植性",也就是说,集群产业是在原有的基础上发展起来的,缺乏像玉林市福绵区服装产业那样"潜入型"(即通过"飞地经济"从外引进或转移进来)的产业集群。

(4)"轮轴式"产业集群,即集群产业以主导产品为龙头,以大型企业为依托,以协作配套的中小企业为纽带,通过延伸产业链而形成的产业集群。这种产业集群的龙头企业往往具有高投资、高技术、寡头垄断的特点,如钢铁冶炼、机械制造、汽车工业等。

6.3 产业升级与广西北部湾产业空间结构的形成与演化

6.3.1 产业升级与产业空间结构演化的内在联系

产业结构升级,顾名思义,就是产业结构由低级形态向高级形态演变。

影响区域产业结构的因素主要有三个：（1）消费需求的变化，这是产业结构升级的立足点，缺乏消费需求的产业升级是无法保证经济社会平稳持续发展的；（2）科技进步，这是产业结构升级的直接驱动力，其表现为科技进步催生新兴产业，形成新产品、新工艺、新材料、新能源，同时促使原有产业和产业部门分解，带动产业升级；（3）制度安排，这是产业结构升级的决定因素，因为制度安排影响资源配额方式，同时决定产业结构升级的方向。

区域经济发展水平由区域产业结构水平决定，区域产业结构状况是区域经济发展水平的内在标志，而区域产业空间结构则是产业结构在地域上的空间表现，产业空间结构的优化主要体现在产业结构的优化和产业空间布局的优化上。产业结构优化就是要通过科技进步，淘汰落后产能，促进产业结构升级，使各类产业保持合理的质的联系和量的比例。产业空间结构优化重点是要通过产业结构升级，推进产业转移，落实产业承接，改善经济发展的区域空间结构，使产业在空间上保持合理的质的联系和量的比例，以达到促进经济和社会持续发展的目标。

陆大道在《区位论及区域研究方法》一书中提出区域经济空间结构演变的四个阶段，实际上也反映了产业结构升级和空间结构演变的内在联系。

（1）低水平均衡阶段，经济社会以农业生产为主，区域经济空间结构联系松散，缺乏等级体系，总体处于低水平的均衡阶段。

（2）过渡性阶段，随着商品生产、交换规模的扩大，初级原材料工业和制造业逐步兴起，农村人口涌入城市，城市和乡村联系得到加强，区域经济空间呈现出核心-边缘特征。

（3）工业化和经济起飞阶段，第二、第三产业迅速发展，产业结构不断升级，在城市等级体系形成的同时，边缘区得到不同程度的开发，经济活动空间不断向边缘区扩散，呈现出多核心特征。

（4）高水平均衡阶段，现代交通和通信网络快速发展，经济要素的流动性增强，高新技术产业迅速发展，产业结构向高度化发展，区域之间的不平衡逐步消失，经济空间各组成部分完全融合为一个有机整体，整个经济空间结构系统重新恢复到"平衡"之中。

从上述经济空间阶段论的分析中可以发现,经济空间结构的演变伴随着产业结构的调整升级,经济空间结构的演化过程与产业结构的优化升级是同向一致的。

6.3.2 产业转移:东部产业升级的理性选择

改革开放 30 多年来,东部沿海地区经济得到了高速发展,但伴随高速增长而来的是人口膨胀、交通拥堵、环境恶化、资源短缺等一系列"城市病"问题。对这种"城市病"的治理,从产业发展的角度,其根本还是要加快技术变革和产业升级,推进产业转移。目前,传统加工制造业在东部地区面临着高昂的土地成本、劳动力成本和环保政策的制约等发展困境。为谋求发展,提高区域竞争力,东部地区在加强制度建设的前提下,不断调整产业结构,通过技术变革,加快产业升级。由发展传统制造业逐渐转向重点发展高新技术产业、现代服务业和先进制造业,同时倡导发展循环经济,节约资源,改善环境。为寻求更低廉的劳动力成本、土地成本,东部地区逐步将传统加工制造等产业向中西部地区转移,以提高经济效益。

在产业发展政策上,东部加工贸易等产业已遭遇政策"天花板",推动这些产业向中西部地区转移无疑是理性选择。2007 年,商务部和海关总署公布了《加工贸易限制类商品目录》,将加工贸易限制类商品范围扩大至包括纺织类和塑料家具等商品,规定不再受理未获得外贸权的东部地区企业开展限制类商品加工贸易业务的申请。与此同时,对中西部相关企业实行差异化政策,规定开展限制类商品加工贸易的加工经营企业如果在中西部地区,则实行银行保证金"空转"政策。

基于上述分析,东部产业转移的内因外因、主观和客观条件均已具备,实施产业转移的时机成熟。推进东部劳动密集型产业向中西部地区转移(如传统制造业、加工贸易等产业),已是势在必行,也是东部传统产业谋求发展的理性选择。

6.3.3 产业承接:广西北部湾具备天时地利优势

东部沿海地区产业转移的内外部条件已经具备,实施产业转移时机成熟。而广西北部湾经济区是西部首个国家沿海经济开发区，国家对经济区的开放开发给予了更多的政策优惠，鼓励经济区的产业发展。国家批准设立钦州保税港区，并将南宁、钦州列为承接东部加工贸易类产业转移的重点地区，享受国家政策性贷款和贴息等一系列优惠待遇，并享受民族区域自治政策和西部大开发政策等一系列优惠政策。从外部条件来看，北海、防城港是广西的第一批沿海开放城市，上世纪 90 年代，国家批准钦州市为沿海开放地区，南宁享有沿海开放政策，东兴、平祥为沿边开放城市，这些都为广西北部湾经济区承接东盟发达国家的产业转移创造了有利条件。而广西北部湾经济区较强的资源环境承载能力、较完善的基础设施和较快的经济发展现状，也为承接产业转移创造了有利条件。可见，结合东西，放眼国内外，兼顾主客观因素，广西北部湾经济区产业承接转移已具备了有利时机[66]。

广西北部湾经济区地处华南、西南和东盟三大经济圈结合部，背靠大西南，毗邻粤港澳，面向东南亚，是我国中西部唯一既沿海又沿边的地区，是最便捷的西南出海大通道，也是促进中国与东盟全面合作的重要桥梁和基地。地理区位十分优越。经济区内劳动力、土地成本低廉，矿产资源丰富，对承接产业转移具备地利条件。

综上，广西北部湾经济区自身的发展条件、国家一系列的优惠政策以及优越的区位条件和较强的资源环境承载能力，使经济区承接产业转移具备了天时地利优势。

6.3.4 广西北部湾产业承接与产业空间结构形成与演化

近几年来，随着广西北部湾经济区的成立，经济区充分利用其港口、资源和区位优势，高起点、大规模地引进了一批国内外大公司、大集团，主要的重大工业项目有石化林浆纸、能源、有色金属、钢铁、船舶修造等（如中石油钦州 1000 万吨炼油项目、芬兰斯道拉恩索及印尼金光集团两大林浆纸一体化项目、电力项目和电子项目等）。在大企业、大项目的强力带动下，广西北部湾经济区工业经济增长势头强劲。

截至 2008 年年底，广西北部湾经济区同东莞、深圳企业共签约项目 17 个，总投资额 95.01 亿元。其中，东莞签约项目 8 个，总投资 44.24 亿元，涉及制鞋、制衣、天然气、液晶板等项目；深圳签约项目 9 个，总投资 50.77 亿元，涉及计算机、电子产品、林板一体化等项目。这些项目包含进驻南宁—东盟经济开发区的布布高成衣鞋材项目、联聚包装项目、捷兴眼镜制造项目、麦斯（南宁）轻纺产业园项目；进驻北海工业园区的长城计算机电源生产和显示器扩能项目、深圳景光电解电容及贴片电容等电子元器件生产项目（二期）、深圳欧美亚 IC 设计封装测试项目、三诺数码低碳光电产业示范园项目、伟兴实业电子玩具生产项目；进驻北海出口加工区的广州网达液晶面板仓储加工项目、东晟源科技光电子产品加工项目；进驻钦州河东工业园区的东莞佑神鞋业配套项目、宝莱集团制衣厂项目、广东贝加科技智能自动重合闸项目、东莞德隆电业音响元件生产项目；进驻防城港市的广东九丰高纯复合天然气项目、广东力恒集团林板一体化项目。自 2006 年广西北部湾经济区成立以来，投资规模超过 10 亿元的重大产业项目就达 43 个，总投资超过 3700 亿元，投资规模在 10 亿元以下的项目更多。钦州中石油 1000 万吨炼油项目、中国电子信息产业集团北海电子产业园引进深圳电子产业转移项目、防城港核电站一期工程等标志性工程项目的建设更是体现出北部湾在承接产业转移方面"质的提升"。一系列数据说明了北部湾在承接产业转移方面所取得的丰硕成果，加速了广西北部湾产业空间结构的形成与演变。

6.4 交通、信息网络与广西北部湾产业空间结构的形成与演化

6.4.1 交通网络与产业空间结构

对于一个区域的经济发展，交通信息网络基础设施既是经济起步的必要条件，也是决定经济发展速度和地区差异的重要因素。发达的交通信

网络是经济空间产业联动与布局的前提和支撑，广西北部湾产业布局与发展，同样需要现代化的交通运输体系作为支撑。从根本上讲，交通信息网络影响经济发展的根本是交通信息网络决定了区域产业的布局与产业结构的调整。交通网络对区域产业空间结构演化具有重大的影响：一方面对产业布局具有很强的指向作用，引导产业布局在交通条件优越的地区；另一方面，良好的交通条件增大了本地区的扩散辐射范围，间接影响了周围地区的产业布局与调整。

交通信息网络是广西北部湾经济区产业空间结构形成的重要支撑条件。近几年来，广西北部湾经济区交通发展势头迅猛。"十一五"期间，广西将投资2000余亿元人民币建设交通基础设施，综合发展海陆空现代交通，包括建设南宁国际综合交通枢纽、南北钦防组合港和空港、广西通往东盟国家的海上、陆路及航空三大通道，以及广西连接周边广东、湖南、贵州、云南四省的通道。经济区以南宁为枢纽，向周边其他五个城市辐射的"扇型"交通格局初步形成。完善的交通基础设施是区域产业带和产业群形成的驱动力，依靠相对发达的交通网络，一批重大项目相继落户广西北部湾经济区，这些项目投资建设完成后，将极大地促进广西工业的发展，形成各具特色的劳动地域分工体系。

6.4.2　信息网络与产业空间结构

20世纪90年代以来，信息技术不断创新，信息产业持续发展，信息网络广泛普及，信息化成为全球经济社会发展的显著特征，信息网络对于经济社会发展的影响日益显著。国内外大量研究发现，社会经济发展在很大程度上受到信息化程度的影响，信息化引发社会产业变革。便捷的信息网络缩短了供求之间的距离，加快了市场交易的速度和广度，降低了交易摩擦，从而大大降低了交易费用，减少了企业运营成本，提高了经济效率。

近年来，广西北部湾经济区积极推进国民经济和社会各行业、各领域的信息化进程，不断拓展信息化建设和应用的纵深度，在政务信息化、农村信息化、城市信息化、企业信息化、电子商务化等方面均取得了显著的进展和成效。经济区各地政府采取政策扶持、市场引导、资金支持和综合服务等有效手段，狠抓信息大通道建设，建成了以光纤为主、微波及卫星为辅的大容量、高效率、覆盖城乡的四通八达的信息传输网络。信息化已渗透到经济、社会的方方面面，并对经济、社会实现又好又快发展发挥着越来越重要的作用。

广西北部湾经济区大力推进宽带网络的发展，建立支撑信息化发展的高速网络基础设施。经济区推动宽带网络的全面提速，推动 ADSL2+、FTTH 等技术的应用，全面提升北部湾经济区宽带接入速率，满足新的业务应用需要，更好地支持信息化的发展。同时，经济区全面部署 3G 通信，建成高质量的 3G 移动通信网络。

信息化网络基础设施与交通运输网络设施一样，对广西北部湾经济区产业空间结构的形成起着重要的支撑作用。信息网络基础设施的建设，有利于经济区内要素的流动和信息交流，强化各地区之间的分工与协作，从而对广西北部湾经济区产业空间结构的形成产生巨大的推动作用。

广西北部湾经济区信息化的发展，大大提高了本地区产业发展的信息化水平，提高了经济效益。通过信息化应用，提高了经济区内中小企业的创新力与竞争力，支持发展"内源型经济"。中国移动举办"永不落幕"的网上"中国—东盟博览会"，构建网上各类专业交易市场，组织中小企业上网。通过产品上网、发布商机、洽谈生意，搭建一条广西经济走向东盟的"信息黄金通道"；同时，按照中小企业信息化需求，提供语言通信、无线上网、移动 OA、移动商城、手机认证、手机支付等专门解决方案，提高企业管理效率和商务能力；并把制造业和物流仓储业作为中小企业信息化重点，建立示范工程与样板工程。走新型发展道路，信息化是第一高地，是竞争力的核心部分。用创新思维和方式把广西北部湾经济区建设成为"三个基地"（物流基地、商贸基地、加工制造基地），必然需要有"一个中心"——信息交流中心这个技术加速器的推进，从而整合信息技术资源、信息源内容资源、信息产业资源乃至区域经济与社会资源，推动信息交流中心的建设，变资源优势为经济优势，促进广西北部湾经济区产业结构的调整与优化。

建设中国—东盟开放合作的信息交流中心，提高广西北部湾经济区信息化应用水平，促进信息产品制造业的发展，提高中国与东盟之间的信息交流的深度与广度，成为中国与东盟国家间经济合作的桥梁和信息交流的加工地和集散地，不但能够满足中国与东盟各国之间日益增长的信息交流的需求，而且能够促进物流基地、商贸基地、加工制造业基地的发展，加快重要国际区域经济合作区的建设进程。

6.5 政府调控与广西北部湾产业空间结构的形成与演化

6.5.1 西部大开发空间格局调整与广西北部湾产业空间结构的形成与演化

具有全局意义的中国西部大开发战略自1999年提出以来，近二十年来国家针对西部大开发以来西部建设的实际情况，不断调整战略规划，在不同时期提出不同的开发重点，形成不同的开发格局。

在西部大开发初期，国家实行以点串线、以点带面的战略方针，重点促进西陇海兰新经济带、长江上游经济带、南（宁）贵（阳）昆（明）经济区的发展，形成"一个轴心、南北两翼"的区域开发格局。

随着西部大开发的不断深入以及对空间布局认识的不断深化，西部大开发的战略空间格局也在不断调整。当前，国家将上述三大经济带（区）的发展，具体落实到发展成渝经济区、关中—天水经济区、广西北部湾经济区等重点区域，使之成为带动和支撑西部大开发的战略高地。要依托这些地区的主要交通干线和中心城市，以高新区、开发区和工业园区为重点，实行重点开发。

从新格局的产业发展来看。成渝经济区具有承东启西的作用，是长江流域重要的战略板块，是西部发展基础最好、发展水平最高的区域重点发展已具规模的产业有能源工业、电子信息产业、国防工业、重型机械装备制造业以及特色农副产品加工业。关中—天水城市圈是西部智力资源密集、工业基础较好、基础设施完备的区域。区域内集聚高新技术产业和先进制造业，拥有电子信息、装备制造、有色冶金、医药、纺织、旅游、果业以及畜牧等优势产业。广西北部湾经济区具有沿海、沿边的特点，是西南地区与东盟及世界市场联系的重要通道，区位优势明显，开发潜力巨大。经济区借助区位优势及港口条件，逐步形成出口加工基地和临海重化工业基地；依托南亚热带农林资源和海洋资源，形成海洋产业、现代农业和以生物工程为重点的高新技术产业体系；凭借出海通边的区位优势，形成现代物流、国际商贸、港口运输、信息咨询服务、滨海旅游等外向产业体系和边境贸易产业体系。

6.5.2　各地政府的联动与合作策略

广西北部湾经济区"4+2"城市群分属二个级次经济区，"南北钦防"区域（南宁、北海、钦州、防城港）属于国家级经济开发区，玉林、崇左两市区域属于省级经济开发区。为了促进两个次级区域的关系融合，减少区际间政策差别的影响，各地政府间采取有效的协调机制与措施，抓住北部湾经济区升级契机，紧密参与一体化开放开发，提高整个区域竞争力。

南宁、北海、钦州、防城港、玉林、崇左6个城市，本着"优势互补、互惠互利、友好合作、共同发展"的原则，通过多层次、多领域、多渠道、多形式的交流与合作，建立长期稳定的经济交流与合作关系。各地政府通过合作与交流，致力于把广西北部湾经济区构建设成为国际大通道、交流大桥梁、合作大平台，成为区域性的物流基地、商贸基地、加工制造基地和信息交流中心。

在联动合作策略上：（1）统一规划。在用地规划上，将玉林、崇左两市纳入主体功能区，在两市区域内增设工业园区与城镇；在产业规划上，统一布局新产业，在崇左、玉林布局临海工业区的下游产业、以区外资源为原料的农产品加工业以及系列配套服务贸易产业。（2）统一实施开放开发支持政策。例如，在保税港区、出口加工区等的申报上，对沿边地区和沿海地区一视同仁，积极协助申报落实。

联动合作的主要内容有：

（1）合力参与和协助办好中国—东盟博览会，为区域内各方加强和东盟的交流与合作，搭建更广阔、更开放的物流贸易平台、投资合作平台和文化交流平台。

（2）合力加强交通基础设施建设，统筹建设公路、铁路、机场、港口等交通基础设施，共建与东盟连接的海上通道、陆路通道和空中通道，努力将区域建为中国—东盟"M"区域经济合作的重要交通枢纽。

（3）合力共建区域物流基地，依托6市出海通边的优势，合力开通北海、钦州、防城港至世界各地的海上航线和南宁、北海通往东盟主要城市的航线航班，提高海港和空港吞吐量，扩大铁路运输能力，大力发展现代物流业和通道经济。

（4）合力共建区域商贸基地，鼓励、支持本市的企业和投资者，到区域内其他城市投资兴业；利用本区域与东盟的产业差异、市场差异，培育一批具有广阔发展前景的专业批发市场，加强对外商贸基地建设，改善对外贸易结构，扩大对外贸易规模。

（5）合力共建区域性加工制造基地，各市从产业结构调整的需要出发，选准互补性强的产业，大力推进区域性的产业对接和承接产业转移，合作发展临海工业、外向型加工业。

（6）合力共建区域性信息交流中心。各市整合信息资源，加强信息网络、信息咨询机构、信息市场等基础设施建设，形成服务广西北部湾经济区，联结港澳台和东盟各国，面向社会、功能齐全的信息服务体系。

6.5.3 中国—东盟"M"型战略与广西北部湾产业空间结构的形成与演化

2006年，通过与东盟各国政府沟通、合作，广西率先提出构建中国–东盟"M"型区域经济合作战略构想。"M"型战略区域合作的内容包括海上经济合作、陆上经济合作和湄公河流域合作。"M"型战略的实施，有利于区域内资源共享，促进产业转移与合理分工；有利于扩大区域市场和经济发展的空间，创造新的、更多的经济增长点；有利于区域内各国充分发挥比较优势，互补互利，合力提升本地区的整体竞争力；有利于共同吸纳与更合理地运用国际资本和外部资源，促进在更高水平、更深层次上的国际经贸合作，将进一步丰富和充实中国与东盟合作的内涵，在太平洋西岸形成一个新兴的经济增长带，促进东亚整体合作的深入发展。

借助"M"型战略的实施，广西北部湾经济区内各地区以基础设施建设为先导，以扩大出口为动力，通过招商引资，大力发展支柱产业、优势产业，加快大工业布局，逐步形成经济区沿海现代化的基础设施体系、互利共赢的协作体系、竞争力强的产业体系、统筹协调的城市体系、外向带动的通道经济体系以及区域一体化的市场体系，使广西北部湾经济区成为整个区域开放开发的引擎和龙头。

"M"型战略对经济区产业发展的影响具体表现有：

（1）充分利用港口区位条件，形成临海重化工产业，重点发展的产业有石化产业、能源产业、钢铁产业、林浆纸一体化产业等，主要的产业项目及布局是钦州大型炼油厂、防城港大型钢铁厂、钦州和北海林浆纸一体化、防城港电厂、钦州电厂、北海电厂二期等重大项目。

（2）充分利用"资源东盟"的战略性资源，大力发展新能源（如石油天然气开采、清洁能源项目、海上油气开采装备制造等）和"环境友好"型的天然材料——新材料产业（木材制品及利用棕榈椰子纤维制造的修复工程用纤维织物、可降解塑料、合成橡胶、矿产资源开发冶炼和利用等）。

（3）依托大珠三角产业转移，发展具有比较优势的出口加工制造业（如装备制造业、家用电器、日用消费品、工程机械、食品、医药等），大力推进北海出口加工区、中国—东盟国际水产加工贸易区的建设。

7 广西北部湾产业空间结构的合理化分析

前面的章节分析了广西北部湾的地理概况以及产业空间结构现状，并对产业空间结构形成与演化机制进行了分析。而在给定的地理条件下，当前的产业空间结构是否合理，正是本章需要回答的问题。只有在合理化分析的基础上，对广西北部湾产业空间结构调整所提出的政策建议才有针对性和指导意义。

7.1 产业空间结构合理化的内涵

分析一个区域产业空间的合理化程度，首先应该了解区域产业空间结构合理化的内涵，根据内涵确定判断区域产业空间结构合理化的依据，并以判断依据分析区域产业空间结构的合理化程度。区域产业空间结构合理化的内涵包括产业结构合理化和空间结构合理化两个方面。

7.1.1 产业结构合理化的内涵

区域产业结构和空间结构是区域结构的两个核心内容，是互动的两个方面。区域空间结构的合理化，首先是要求区域产业结构的合理化。所谓区域产业结构合理化，是指区域产业结构由不合理向合理发展的过程，即要求在一定的经济发展阶段，根据区域市场需求和资源供给条件，对初始情况不理想的产业结构进行有关变量的调整并理顺结构，使资源在区域产业间合理配置并得到有效利用的过程[62]。区域产业结构是否合理的关键，在于各产业之间相互作用后是否产生了一种不同于各产业能力之和的整体能力。产业之间的相互关系越协调，结构的整体能力就越高，产业结构就越合理；反之，产业之间的相互关系不协调，结构的整体能力就低，产业结构就是不合理的。

产业结构合理化的含义包括以下几个方面：（1）从静态上看，产业结构合理化是指在不同经济发展阶段，资源在区域各产业之间的分配保持一定的数量关系；（2）从动态上看，产业结构合理化是指区域各产业能及时根据需求结构的变动状况，调整区域产业空间分布和资源配置比例；（3）从效果上看，产业结构合理化是指社会产品能顺利地满足社会需求，社会总供给与总需求大致平衡。

因此，产业结构合理化的本质是：（1）产业协调，即产业之间相互作用所产生的一种不同于各产业能力之和的整体能力，它包括各产业之间在生产规模上的比例关系（如第一、第二、第三产业之间，主导产业与非主导产业之间，原材料产业和非原材料产业之间的比例关系）；（2）产业之间的关联程度，即一个产业引起其他产业部门的建立和发展等的能力，产业关联效应表现为产业部门间的投入产出关系以及各产业及行业之间的协作状态（即结合的过程）。

7.1.2 空间结构合理化的内涵

区域空间结构合理化是指经济空间结构要素之间的有机联系具有良好的聚合质量。区域经济空间中的点、线、面要素的关联作用程度越高，空间结构的整体效应就越大，从而空间结构就越合理。空间结构合理化的本质就是使一个空间结构具有较高的聚合质量。从系统论的角度来看，系统内部各要素由于在系统内的有机联系和有序组合，构成了系统的整体结构，并使系统具有了大于各要素简单算术之和的功能，这就是系统论中整体大于部分之和的原理。通常由于系统要素的联系方式和组合方法不同，所形成的系统结构也是相异的，从而导致了系统功能的不同。在空间结构系中，由于各要素之间的联系方式和组合方法不同，从而形成了不同类型的空间结构。而不同类型的空间结构所决定的资源转换能力和系统综合产出能力也是不同的。这种由各要素间的不同联系方式和组合所决定的空间结构系统的资源转换能力和综合产出能力，就是空间结构的聚合质量。

所谓区域空间结构资源转换能力，是指空间结构系统在经济活动过程中所具有的吸纳、凝聚、配置和激活资源的能力。它是标定空间结构系统在经济活动相互作用的过程中能够有效配置的资源数量、资源配置质量等系统特性的重要指标。空间结构资源转换能力既涉及系统的内部关联状况，又涉及系统的外部环境条件，它是空间结构系统的活力特征，是区域空间结构系统在市场以及政府、社会等各种力量的协调和作用下的综合结果。区域空间结构的资源转换能力的一个重要形态是资源在空间的集聚化程度。比如，成熟的产业集聚空间结构系统能引发相应的规模效益，架构产业群体的分工协作，搭建产业构架的链条，带来该区域的"中心"和"品牌"效益，从而导致资源的投入需求和产品的市场需求的双向需求，形成一个区域相对于周边地区的势能差，实现对一个区域内外空间结构资源凝聚的吸引，从而不断引起和推动新的经济活动和新的经济发展的跨越。

一般来说，一个空间结构系统的资源转换能力和综合产出能力越强，该空间结构系统的聚合质量越高，当然该系统空间结构也就越合理。聚合质量可通过以下几个方面对一个空间结构的合理化程度进行反映。

（1）聚合质量反映了空间结构的基本特性。空间结构作为各种要素按一定的联系方式和组合方法而形成的有机整体，遵循系统整体大于部分之和的原理，将呈现出各种要素所不能具备的整体效应。而这种不同于各要素功能简单算术之和的整体效应，就是空间结构的基本特性。

（2）聚合质量反映了空间结构的整体素质。对空间结构整体素质的评价，不能仅从各产业间的联系方式和组合方法以及所表现出来的比例关系来考虑，而应当通过对其聚合质量高低来考察结构的整体效应。也就是说，空间结构的聚合质量基本反映了其整体的素质状况。

（3）聚合质量反映了空间结构的系统效率。一个空间结构系统的结构转换效率，并不是仅仅取决于其经济发展水平，往往还取决于系统中投入和产出的效率。评价一个空间结构系统的总体效率,不仅要看其要素的发展程度,还应通过对其要素之间的联系方式和组合方法的考察进行综合效率的评价。所以说,空间结构的聚合质量反映了其总体的转换效率。

7.2 区域产业空间结构合理化的判断依据

区域产业空间结构合理化评价的基本原则是遵循效益最大化或成本最小化的原则,符合产业结构演变规律、劳动地域分工与合作规律、产业集群发展规律以及国家产业发展政策。可以从资源因素、人才因素、技术因素、地域分工因素、产业协调度、城市结构等方面来判断区域产业空间结构的合理化程度。

7.2.1 资源禀赋依据

这里所指的资源仅为自然资源,不考虑社会经济资源。一个地区在一定时期和一定条件下,现对于人类的需求来说,其资源禀赋总是稀缺的。为了实现资源的优化配置,必须建立有利于充分发挥本地区资源优势的产业结构。因此,对一个地区的产业来说,如果产业结构与资源结构相吻合,那其产业结构就是合理的。尽管在科学技术突飞猛进和交通运输日益发达的今天,自然资源因素在产业区位选择中的重要性已经逐步下降,但一个区域发展自己不具备资源优势的产业仍是与现实相悖的,也不符合比较优势的原则,除非因其他因素发展这些产业具有更大的比较优势才是理性的。

7.2.2 劳动力、技术依据

劳动力依据包括劳动力的数量和质量。今天看来,更重要的劳动力依据是劳动力的质量。在现代经济发展中,人力资本与技术进步是推动经济增长的两个重要因素。不同的技术条件决定了各种要素在经济活动中的结合方式。对不同区域来讲,由于人力资本和技术条件的赋存差别,各种要素投入结构的程度也是不相同的。对于人力素质较高,技术先进的地区,适宜建立现代化的高新技术产业。对劳动力稀缺的区域,应建立节约劳动型的产业结构;反之,对于劳动力富集的地方,发展劳动密集型产业具有比较优势,而不能盲目地追求高新技术。因此,一个地区如果劳动力结构与产业结构相适应,则产业结构是合理的。

从技术条件来看,不同的科技水平决定了不同产业的发展方向。从世界产业形成和发展的历史看,技术因素决定了一个地区产业结构的形成与演变。在某种意义上讲,产业结构演变史就是一部技术进步推动产业结构不断转换,不断演进的历史。因此,一个地区在一定时期内有什么样的技术水平和什么水平的人才素质,就有什么的产业结构。若当地产业结构与技术水平、劳动力素质相耦合,则产业结构就是合理的。

7.2.3 地域分工依据

地域分工依据就是指本地区产业在上一级或更高层次的产业分工中的地位和作用。若一个地区的产业是依据比较优势原则以及区域产业空间分工的组织特点发展起来的,它将提高生产的专业化水平,扩大生产规模,从而大大降低单位产品的生产成本,这样的产业分工就是有效的,产业结构就是合理的。

7.2.4 产业结构协调性依据

任何一个产业结构系统内部存在多种协调关系,如三次产业之间的协调、原材料工业与加工业之间的协调、中间产品与最终产品之间的协调等。如果缺乏产业间协调,就会削弱系统的生产能力和产出能力。但一个产业结构系统存在瓶颈产业时,整体系统的生产能力将受到限制(如电力短缺对地区经济发展的影响)。区域经济各部门之间客观上存在着投入产出关系,在市场经济条件下,各个部门之间按照社会必要的劳动消耗标准生产产品,将社会劳动总量按社会必要的比例关系分配在各个生产部门,才能保证全部产品的价值充分实现。因此,区域经济各部门协调发展成为区域产业空间结构合理化的重要标准。

7.2.5　可持续发展依据

人类生存和发展所依赖的环境所能承载的能力是有限的，自然资源也是有限的，其中许多资源都是不可再生的。人类的生活和生产不可避免地要从自然攫取资源，不可避免地向自然界排放废物，从而对自然生态环境造成损害。合理的产业结构应是资源节约和综合利用型的产业结构，应充分考虑区域生态系统、区域社会系统和区域经济系统内在联系和协调发展，以使区域经济系统耗用尽量少的自然生态资源和社会经济资源，对其进行综合又合理的利用，产出尽可能多的对人类有用的经济产品，产出尽量少的废物，从而对生态系统产生最少的损害，实现区域产业结构的可持续发展。

7.3　广西北部湾产业空间结构合理化判断

7.3.1　与资源环境基本相适应

广西北部湾经济区具有良好的资源条件（如土地资源、旅游资源、海洋资源、矿产资源、动植物资源等很丰富），气候条件良好，环境容量大，是城市、产业可持续发展的有利条件。

就目前而言，经济区内各城市绿化面积较大，森林覆盖率较高，不论是空气质量还是水质量均为优良，与生态环境基本相适应。但是，随着广西北部湾经济区开发的大力推进和经济的快速增长，越来越多的大型工业项目落户各城市（如千万吨钢铁基地、大型林浆纸一体化、千万吨石化等重化工项目），这些项目能耗高、污染大，势必给各地区的资源供给、环境保护和生态平衡带来巨大压力，生态环保形势严峻。

7.3.2　与劳动地域分工的基础条件相适应

依据古典区位论、区域分工与合作理论，区域产业空间结构的合理性问题主要是产业与区位、资源、劳动力等禀赋条件的适应性问题。根据经济区的区位条件和资源禀赋情况，经济区的优势产业是商贸流通、现代物流、医药制造业、旅游业、海洋产业等。其中，有因政策因素形成的信息产业、石化产业、钢铁产业；也有因区域经济一体化背景下承接国际国内产业转移的制造业。从广西北部湾经济区在全省、全国以及全球大范围的劳动地域分工总体来看，这些优势产业与大的地域分工相适应。从区域内部结构来看，北部湾经济区正处于工业化的初期，城市群的发展正处于以南宁为核心、以北海、钦州、防城港、玉林、崇左为边缘的"核心-边缘"结构之中，而且大量生产要素向南宁核心区运动，极化效应居于主导位置，而向周边地区的扩散辐射效应还比较弱。

7.3.3 产业园区初具规模，空间集聚逐步形成

广西北部湾经济区以市场为原则，以资源禀赋为基础，以区域分工为依据，以产业政策沿革为主线，产业园区初具规模，空间集聚逐步形成。广西北部湾经济区纳入规划的重点产业园区有 29 个，其中自治区重点支持的 11 个，各市重点推进的 18 个。这 29 个重点产业园区到 2012 年预计可实现总产值 5906 亿元，到 2015 年预计可实现总产值 1.11 万亿元。2008 年，广西设立产业发展专项资金，每年安排 10 亿元，支持广西北部湾经济区"五区两园一基地"（钦州港工业区、防城港企沙工业区、铁山港工业区、钦州保税港区、凭祥综合保税区、中国电子集团北海电子产业园、龙潭产业园、南宁国际物流基地）的建设，以园区聚产业。

7.3.4 产业体系与主导产业具有相对优势

从前面对现状的分析可以看出，广西北部湾经济区因具有优越的资源禀赋、区位优势和政策优势，逐步形成了相对完善的产业体系，主导产业具有相对优势。2009 年，广西北部湾三次产业的结构比例为 19.34%：37.46%：43.20%，与经济区成立之初的结构相比，第一产业比重持续下降，

第二、第三产业比重持续上升。从比例上看，经济区虽然形成了"三、二、一"的产业结构，但第二产业增加值仅占37.46%，第一产业比重相对较大，存在产业结构的虚高化现象。国际城市化和工业化理论研究表明，当一个区域第一产业比重还大于10%时，表明该地区仍处于工业化初期阶段，主导产业应选择工业为主。显然广西北部湾经济区处于这一阶段，选择发展临港重化工业作为经济区的主导产业符合产业结构演变规律。同时，经济区还具有临港的区位优势以及国家产业支持的政策优势。沿北部湾的北海、钦州、防城港一线，拥有1595千米的海岸线，并且已建成初具规模的港口群。经济区以大西南腹地为依托，处于全国沿海开发带的西南端，东接广东、西临越南、南临环北部湾，因此发展临港重化工业具有区位优势。随着西部大开发战略的深入实施，广西北部湾经济区产业发展重大项目布局、审批、资金、技术等方面将得到更多的支持，发展临港重化工业将具有政策优势。

7.3.5　人力资源与产业发展错位

科学技术是第一生产力，人力资源是支撑社会经济发展的第一要素。广西北部湾经济区境内有大量的高等院校以及职业院校，每年培养出数千万的科研管理和职业技术人才，为广西北部湾的经济发展提供丰富的人力资源。同时，广西为促进经济区发展制定了一系列有利于人才引进的政策措施，吸引全国各地高素质人才来广西发展。随着经济区的不断开发建设，广西北部湾经济区的人口数量、人才质量都将快速提升。

但是，由于社会、经济、体制等因素，北部湾经济区乃至广西地区的人才储备不足，具有较高科技水平、决策水平、管理水平的高层次人才仍然缺乏。人才队伍整体实力弱，低层次人才过剩和高层次人才紧缺现象并存，人才分布的结构性矛盾突出。专业技术人才的产业配置失衡，教育、卫生、科研人才比重偏高，工业技术人才比重下滑，农业专业技术人才总量萎缩，难以支撑经济区工业和现代农业的快速发展。随着广西北部湾经济区的发展，石化、林浆纸、能源、高新技术、物流、港口建设等重点产业快速发展，使这一区域急需交通、贸易、物流、旅游、能源、农业、制造业、投资、海洋资源与产业开发等方面的高层次管理人才和高级专业技术人才。而现有相关产业人才特别是高层次的经营管理人才缺口较大，难以为经济区今后的发展提供充足的人力资源支撑。

7.3.6 港口定位不明确，城市间无序竞争严重

广西北部湾经济区各城市因其区位的同一性，经济要素分散，各市资源禀赋差异不大。而各地区在构建自己的产业结构时，力图发挥各自的"比较优势"，竞相上马相似产业，使得北部湾经济区城市间出现了明显的"产业雷同"现象（如火电、造纸业、粮食加工业、石化产业等，同化现象严重）。对广西北部湾经济区来讲，港口经济是经济区发展的闪光点，但广西北部湾经济区的港口结构明显存在功能雷同、定位不明确的现象。

广西北部湾内有北海港、防城港、钦州港三大港口。这些港口都具有水深、避风、浪小、岸线顺直、纳潮量大、回淤少等自然条件，建港条件比较优越。然而三个港口各自的功能定位并不十分清晰，都想通过建成高等级港口，成为广西乃至大西南的出海口。因此，各个港口为了自身利益各自为政，压价争夺货源，使天生丽质的"铁三角"陷入"吞吐量大，利润率低"的怪圈，恶性竞争严重，缺乏有力的组织来规划调整各港口的功能与定位。从目前来看，三个港口都建成国际化的大型港口是不太现实的，因为按照各国港口经济发展要求和规律，在一个直线距离不超过 300 千米的区域范围内，同时存在 3 个枢纽港口是不可能的，而这三个港口的公路里程都在 100 千米以内，所以建成一个功能互补的组合港口群更为现实。

7.3.7 城市规模差别明显，城市体系不合理

广西北部湾经济区城市体系规模分布具有明显的层次性和不连续性，次级中心城市数量少，辐射能力弱；呈现首位型特点。2009 年南宁的非农业人口 185.95 万人，非农业人口在 50～100 万人的次中心城市出现断层。

钦州（40.36万人）、北海（46.53万人）、防城港（24.61万人）、玉林（47.61万人）、崇左（13.46万人），5个地级市目前均无法有效承担次中心城市的职能，故称为准次中心城市。城市的首位分布往往反映了区域经济发展水平较低的现象，若区域经济发展水平高，一体化的经济发展格局往往能创造一体化的社会网络和一体化的城市体系。广西北部湾经济区这样的城市体系一方面导致中心城市辐射力和经济发展带动力不足，同时由于次级城市由于偏离发展轴线，难以接受到上一级城市的辐射，出现"小马拉大车"的现象，城市之间难以形成产业优势互补，不利于承接中心城市的产业转移；另一方面也导致城市与农村间的流态流动不畅，城市群空间结构呈现核心-边缘化状态。

8 广西北部湾产业空间结构调整

为加快广西北部湾经济空间持续、快速发展，提升区域经济综合竞争力，针对广西北部湾产业空间结构现状及所存在的一系列问题，必须根据其客观地理条件和产业发展基础，紧紧抓住其发展的历史机遇，合理调整产业空间结构。本章从发展定位、发展思路出发，合理选择广西北部湾产业发展重点、产业空间发展模式及其空间布局，并对广西北部湾产业空间结构调整措施进行探讨。

8.1 广西北部湾产业发展定位、目标与思路

8.1.1 发展定位

上世纪 90 年代以来，经济全球化和知识经济浪潮席卷全球，制造业和劳动密集型产业由发达国家或地区向发展中国家或地区转移的速度明显加快。在这次浪潮中，中国的制造业和国际贸易承接了工业发达国家的转移，出现了以重化工产业引领经济增长的新高潮，重化工业的技术基础正在迅速提高。

重化工业主要包括石油、钢铁、机械设备、汽车、造船、化工、建材等工业，与传统重化工业相比，现代重化工业正日益成为资金和知识密集型产业，是当今世界上市场规模最大、产业关联度最高的产业，可以支撑一个国家或地区长达数十年的快速增长。

国际经验表明，重化工业是一个国家和地区工业发展的必经阶段。根据广西北部湾经济区的区位特点、资源情况以及工业基础薄弱的现实，在

全球化背景下，经济区应抓住机遇，承接国际国内产业转移，其产业发展应定位为：深化分工与合作，按照时间继起、空间联动的原则，优先发展重化工业和现代物流业，增强对西南腹地的辐射作用，推动产业和经济的快速发展；根据重化工业规模经济和集聚效应的要求，依托北海、钦州、防城港三大港口和国内国际两种资源及两个市场，促进石化、钢铁、高端制造业等重化工产业集群，使之成为拉动经济增长的引擎；同时形成关联产业循环配套，信息、贸易、旅游等现代服务业协调发展的循环经济产业综合体，带动大西南进入新一轮的快速增长期。

8.1.2 发展目标

从产业结构来看，广西北部湾经济产业发展的目标是优化产业结构、转变经济增长方式。到2020年，广西北部湾经济区基本形成合理的产业结构，改变目前产业结构层次低，工业结构性问题突出的局面，大幅提高工业比重，立足提高自主创新能力，更多依靠科技进步推动经济发展。

从具体产业行业的发展来看，广西北部湾经济区产业发展的短期目标是：优先发展重化工业，提高科技水平，改造和提升传统产业，发展产业集群；高起点、高标准建设能源化工基地，促进产业国际化、规模化、集群化。

广西北部湾经济区产业发展的中期目标是：在与初期目标适应的前提下，面向东南亚和西南地区，重点发展先进制造业和高新技术产业，延伸原有产业链条，提高协作配套能力。

广西北部湾经济区产业发展的远期目标为：稳步发展海洋产业、信息产业、高端服务业，以东盟博览会为契机，加快信息园建设，加强与东盟各国的经济合作与交流。

8.1.3 发展思路

广西北部湾经济区应充分发挥具备区位优势和港口优势的现代物流和商贸业。南北钦防经济带是连接我国西南地区、华南地区和东盟各国的重要通道，发展现代物流、仓储运输等新兴服务业具有得天独厚的优势。大力投资发展货物运输、货代、仓储、货运场、会展等相关行业，将南北钦防经济带建成中国—东盟自由贸易区内重要的综合性物流基地。同时，扩大港口运输业，拓展国际集装箱运输和中转、加工、仓储及贸易业务，将南北钦防经济带建设成联系珠三角、西南地区和东盟市场的石化、矿产、粮食物流等中转基地和贸易中心。

充分利用中国—东盟自由贸易区、泛珠三角合作、中越"两廊一圈"建设所形成的"投资-出口拉动"型的发展契机，以招商引资和扩大出口为动力，以基础设施建设为先导，以发展支柱产业、特色产业为核心，以加快大工业布局为重点，逐步形成广西沿海现代化的基础设施体系、互利共赢的协作体系、竞争力强的产业体系、统筹协调的城市体系、外向带动的通道经济体系和区域一体化的市场体系，使广西北部湾经济区域成为全区开放开发的引擎和龙头，成为中国—东盟自由贸易区的重化工基地、加工制造中心、物流中心和商贸中心。

8.2 广西北部湾产业发展重点

整合广西北部湾经济区资源优势，实现产业耦合，加快培育发展沿海石化、林浆纸、能源、钢铁产业及其延伸产业，实现石化、钢铁、林浆纸、现代物流等产业的集聚。突出抓好几个重点：建设沿海石化基地；建设沿海林浆纸一体化产业基地；建设沿海能源基地；建设沿海钢铁基地，积极培育用钢产业，规划布局大型修造船项目和集装箱制造项目；建设铝加工基地。在此基础上，将广西北部湾经济区打造成为广西最具实力的工业区和泛北部湾示范园区，使经济区成为中国西南经济的最亮点。

8.2.1 石化、钢铁产业

1. 石化产业

石化产业既是能源工业，又是基础原材料工业，属资金技术密集型产业，产业链长，对相关产业带动性强，对地区经济发展具有较强的支撑和拉动作用。因此，石化产业是广西北部湾经济区重点发展的临海重化工业。

广西北部湾发展石化工业，除了前面所提到的区位优势以外，还有政策优势、工业基础优势、市场优势和资源环境容量优势等有利条件。

（1）政策优势。2009年国家出台了《石化产业调整与振兴规划》，为石化产业的振兴注入强心剂。与此同时，广西壮族自治区也相应出台了《广西石化工业调整和振兴规划》，重点建设钦州1000万吨炼油项目和中石化铁山港聚丙烯项目，为广西北部湾经济区石化产业的发展在政策、资金、土地利用等方面提供大力支持。

（2）工业基础优势。目前，广西北部湾经济区在机械、冶金、配套化工等方面已具备了一定的工业基础。同时，随着中国—东盟自由贸易区的建成，经济区加大了公路、铁路、港口、电力、通信等基础设施的建设，经济区内的基础设施正在不断完善。

（3）市场优势。随着大西南、泛珠三角以及长三角等区域经济合作的不断推进，广西北部湾经济区石化产业以及相关制造业在国内的市场将更加广阔。同时，随着中国—东盟自由贸易区的建成，这个拥有17亿人口的庞大市场，将为经济区石化产业的发展提供巨大的市场空间。

（4）资源与环境容量优势。广西北部湾经济区拥有丰富的土地资源、水资源、海洋资源和大气资源，资源状况良好，环境容量大，为发展石化产业提供了良好的自然环境。同时，经济区内港口资源丰富，防城港、钦州、北海都具有建设亿吨以上吞吐能力大港口的条件，具备建设组合港口群和区域性枢纽港的有利条件。

目前，广西北部湾经济区石化产业有了一定的发展，但产业链短，布局分散，环保压力增大，都是亟待解决的问题。未来石化产业的发展，应加大力度培养和引进人才，增强自主创新能力，突破技术发展瓶颈，延长石化产业链，优化产品结构，重视环境保护，走可持续发展道路。

2. 钢铁产业

广西北部湾经济区具有丰富的国内外资源的条件，也具有港口交通运输便利的优势。充分利用沿海便于原材料和产品大进大出的区域优势，经济区积极布局大型钢铁联合企业，发展钢、铁及钢材产业，并带动钢铁制品、炼焦、机械制造等相关产业的发展，形成沿海钢铁产业集群。

经济区从以下几个方面做大做强钢铁冶炼产业：① 促进武钢与柳钢的联合重组，争取建设防城港企沙千万吨大型钢铁基地项目；② 加速推进钦州 200 万吨特殊钢项目建设，加快发展钢铁精深加工，重点发展科技含量最高、经济效益好的优质钢材；③ 建设防城港企沙年产 1000 万吨精品板材工程，重点发展热轧薄板、镀锡钢、镀锌板、不锈钢、低合金高强度结构钢、电工钢、冷轧薄板、冷墩钢、弹簧钢、齿轮钢、模具钢等优质钢材，使其成为国内一流的钢铁精品生产基地；④ 支持钦州发展弹簧钢、齿轮钢等高质量汽车结构用钢，成为港西特殊钢生产基地，从而带动钢铁制品、炼焦、机械制造、住宅产业、物流配送等相关产业的发展。

8.2.2 轻工食品、现代物流业

1. 轻工食品产业

轻工食品产业是广西的特色优势产业，也是广西北部湾经济区的支柱产业之一，主要行业有制糖业、粮油加工业、食品饮料制造业、烟草业、木薯加工业、剑麻加工业等。北部湾经济区 6 市中南宁、崇左是主要的产糖区，规模较大的企业有南宁糖业、东亚糖业、洋浦南华糖业、农垦糖业、永凯糖业、湘桂糖业等。粮油加工业也是经济区各市的支柱产业，知名企业有大海粮油工业（防城港）有限公司、嘉里粮油（防城港）有限公司、钦州大洋粮油公司等企业。

近年来虽然广西轻工食品产业发展较快，但总体来说，其规模小、产品附加值低。除制糖、卷烟、粮油加工有规模较大、品牌优势明显的企业外，轻工食品产业仍是中小企业仍占很大比重，整体规模小。为加快广西北部湾经济区轻工食品产业的发展，应加强技术创新和人才培养，利用沿海区位优势和运输成本低廉的优势，在已有基础上进一步扩大生产能力，延长产业链，提高深加工程度，增加附加值。同时，经济区应进一步扩大

对外开放合作,实施"走出去"和"引进来"战略,鼓励有条件的企业利用"两个市场、两种资源",打破贸易壁垒,到国外投资办厂或者发展来料加工贸易,积极开拓潜在市场。此外,经济区应加大农产品加工项目的招商引资力度,用以改善广西农产品加工业尤其是果蔬加工业过于薄弱的问题。在此基础上,经济区应积极加强与全国各省市和东盟国家的全面经济合作,承接国内和东盟的产业转移,为东盟国家企业进入中国和中国企业走向东盟架起桥梁,促进双边贸易和投资的双向流动,同时增强自己的经济实力,努力实现"产业引进—升级走出"和"产业走出—升级引进"良性互动。

2. 现代物流业

现代物流是在传统物流的基础上,引入高科技手段,利用先进信息技术和物流装备,并对物流信息进行科学管理,整合传统运输方式、储存、装卸、搬运、包装、流通加工、配送、信息处理等流通环节,实现物流运作一体化、信息化、高效化运营的先进组织方式。广西北部湾经济区发展的定位是将其建设成为中国与东盟的区域性物流基地、商贸基地、加工制造业基地和信息交流中心,因此现代物流业已成为经济区优先发展的产业,是未来广西临海大工业跨越式发展的支撑点。

近年来,广西北部湾经济区商贸物流发展迅速,社会消费品市场以及外贸进出口市场活跃,物流流通基础设施不断完善,保税物流体系框架基本形成,物流企业快速发展,服务功能逐步增强。但从流通业的角度来看,经济区内物流产业的发展还是存在不少问题:(1)物流企业实力不强,标准化、规范化程度低,科技含量低,企业信息化建设起步晚,流通现代化水平在全国处于落后地位,流通组织形式和流通方式发展不平衡,仍以自营物流为主;(2)现代物流企业较少,管理水平及技术水平落后,连锁经营、现代物流配送、电子商务平台近年虽有较大发展,但与发达地区相比,发展仍相对落后,整体效益不突出。

为推进广西现代物流产业的发展,加快形成广西北部湾经济区物流支撑体系,应加大以下几个方面的工作力度:(1)加快完善物流基础设施建设，为物流产业发展提供稳固基础。其主要内容包括完善物流基地、物流中心、配送中心、港口、场站、仓库、公路、铁路、机场等基础设施建设，配备先进的物流设备以优化各种运输方式的衔接，减少物流成本，提高物流效率。（2）引进物流龙头企业，壮大现代物流市场体系。现代物流市场体系的建设，核心是要培育龙头物流企业，构建现代物流发展的微观基础。北部湾要发展大物流，必须积极培育、引进现代物流企业，即培育和引进一批具有区域物流网络组织功能的大型物流龙头企业。在此基础上，充分发挥龙头企业的带动与整合作用，实现物流业的跨越式发展。（3）加大政策扶持力度，为物流发展提供政策支持。通过出台政策，加大对物流产业的扶持，鼓励和引导行业健康发展，重点是建立有效的政府组织协调机制、重点企业培育机制、行业自律和市场监管机制以及物流标准技术的推广机制等。

8.2.3　海洋产业

广西北部湾有三大港口，海洋产业是广西北部湾产业发展的重头戏。近年来，广西海洋产业出现了快速发展的势头，海洋产业发展前景大好，尤其是海洋油气业、海洋渔业、滨海旅游业、海洋交通运输业和海洋船舶工业等产业呈现良好的发展态势。但总体而言，目前广西海洋产业仍处于初级发展、粗放型开发的阶段，产业门类虽然齐全，但仍以低技术、传统产业为主，传统的海洋渔业产值占据广西海洋产业总产值的比重超过 50%（2008 年广西海洋产业总产值为 208 亿元，其中海洋渔业为 114.9 亿元）。根据《广西海洋产业发展规划》的指导思想，广西北部湾经济区以港口为依托，以产业优化升级为主线，发展壮大传统海洋产业，加快发展临海产业，积极培育新兴海洋产业，加强海洋综合管理，促进海洋资源和生态环境保护，从而实现海洋产业持续、快速发展。

为又好又快地完成这一目标，广西北部湾经济区重点发展海洋渔业、海洋运输、海洋生物制药、海洋化工、滨海旅游等海洋产业，开展海洋矿产、油气等资源勘查与开发。

（1）海洋渔业按照"近海捕捞与远洋捕捞相结合，海洋捕捞与海水养殖并重"的方针，推进该区渔业结构的战略性调整。经济区着力巩固和保护合浦营盘及防城港白龙尾珍珠传统养殖基地，逐步推广深海育珠技术，改良贝种，提高珍珠产品质量。同时，在沿海三市建设一批对虾、牡蛎、文蛤、青蟹、优质鱼等养殖示范区，促进传统养殖业升级，拓宽渔民转产转业渠道。

（2）海洋运输业要整合资源、明确定位、完善功能、创新体制，大力发展以港口为中心的物流产业，将沿海三个港口建设成为西南、中南地区货物出口基地。同时，积极开辟运输航线，加强海洋运输船队的建设，在钦州、防城港建设修造船基地。

（3）滨海旅游业在拓展北海银滩、防城港金滩、钦州七十二泾旅游区功能的同时，进一步完善以海岛风光、渔港风情为特色的涠洲岛、江山半岛等旅游区功能，开发集渔业观光、科普考察、生态旅游为一体的营盘珍珠文化区、山口红树林景色旅游区。

（4）海洋生物开发以自主知识产权为核心，着力培育诸如珍珠贝中提取天然牛磺酸、利用甲壳动物生产壳聚糖、以鲨血为原料生产鲨制剂等一批具有高成长性和地方特色的海洋生物制药、保健品及海洋功能性食品产业。

8.2.4 高新技术产业

广西北部湾经济区高新技术产业经过 20 多年的发展已初具规模，产业集群特征逐步显现，特色主导产业逐步依托产业园区大力引进的电子、信息、生物与制药等高新技术产业项目，引导产业集聚，支持现有高新技术企业加快技术改造，促进广西北部湾经济区高新技术产业集群蓬勃发展[65]。

电子信息产业方面，以北海高新技术产业开发区为载体，广西北部湾经济区积极建设北海电子信息产业基地。

医药工业方面，依托北海、钦州的资源和产业发展优势，以北生药业、方舟药业、健康元药业、银河阳光生物制药等企业为龙头，重点打造"南药"品牌，发展生物制药；同时，大力发展海洋药物，加快发展中成药，积极培育发展化学原料药和化学药制剂。经济区重点支持年处理 1000 吨血浆 BMP 异地改造、苦瓜综合利用、头孢类原料药合成基地、863 生物制药工程成果产业化等项目。

生物质产业方面，广西北部湾经济区利用木薯、甘蔗等资源丰富和进口便利的优势，加快发展生物质产品、生物质能源、生物质化工和生物质材料，形成新兴产业。同时经济区重点发展燃料乙醇、高档系列变性淀粉和其他生物质产品，发展北海燃料乙醇、钦州和南宁木薯酒精等项目，重点建设国家生物质产业，力图把广西建设成为国家生物质产业示范基地。

在高新技术产业发展思路方面，首先应健全适应高新区发展的管理机制，健全科技创新机制，实现由优惠政策扶持转移到高新区自身产业发展优势上来，由外延发展方式转移到依靠科技创新、机制创新和集约化发展上来；其次，大力培育高新技术产业集群，强化产业发展配套能力，完善产业发展的配套设施，形成从研究开发、生产管理到物料采购、市场开拓等相互配套的产业发展环境，着力推进南宁、北海两大高新技术产业（园）区创建国家级创新型园区的建设进程，充分发挥高新技术产业开发（园）区的产业集聚和辐射带动作用；最后，组建经济区高新技术产业化促进中心，推进高新技术产业化服务平台建设，具体承担高新技术产业化的信息发布、政策咨询、项目管理、技术服务、配套对接、绩效评估等工作。

8.3 广西北部湾产业空间发展模式选择

8.3.1 点-轴发展模式

根据前文的点-轴系统理论的描述，点-轴发展模式的核心是以交通干线为开发主轴，以干线上的中心城镇（节点）为中心进行产业空间组织，是产业空间发展的有效模式。

广西北部湾经济区内的基础设施正在逐步改善，产业发展的水平正在逐步提高，城镇之间合作的空间逐步扩展，符合点-轴组织模式的条件。以

"以线串点、以点带面、线面结合"的原则为指导,在重点发展六大地级中心城市的基础上,广西北部湾经济区以交通干线和链接枢纽为依托,选择区位优势较明显、经济基础较好、人口较为密集的一些中小城镇作为主要发展的对象,让这些有条件崛起的城镇率先发展起来,形成一个个新的节点,继而带动周边地区的发展。根据交通特点和城镇发展状况,广西北部湾经济区目前应该重点建设3条经济带,形成类似英语字母"N"型的发展格局。这3条经济带分别是:(1)以南宁到凭祥的铁路和322国道为依托,建设凭祥—宁明—崇左—南宁经济带。这一经济带以首府南宁为核心,以中国东盟博览会为载体,充分发挥中越边境优势,着力发展交通物流和边境贸易。(2)以铁路和325国道为依托,建设南宁—钦州—防城港—北海经济带。这一经济带以钦州港、防城港、北海港建设为中心,整合港口资源,发展港口海洋经济,着力发展石油化工、钢铁制造、物流运输等产业。其中,在南宁重点发展现代物流、电子信息、生物制药等高新技术产业。(3)以209国道和玉林至北海铁山港待建铁路为依托,建设北海—博白—玉林—北流—容县经济带。该经济带上的玉林、北流、容县等地,毗邻广东珠三角地区,区位优势明显,应加快承接珠三角地区的产业转移,重点发展机械制造、水泥陶瓷、生物制药、服装皮革等产业。

8.3.2 城市整合发展模式

广西正在对广西北部湾经济区进行总体规划,规划以建设沿海大型现代化组合港为龙头,加强区域内城市、海港、铁路、高速公路和口岸的整合,形成完善的城市功能分工布局和产业分工布局。广西北部湾经济区各地的经济和城镇发展水平不一,在推进大、中、小城市协调发展的同时,必须正确处理好产业群和城市群两者之间的协同关系。首府城市南宁发展的关键在于通过吸引大公司、大项目来形成自己的产业群,提升金融保险、商贸会展、现代物流等方面的服务功能,从而提高城市的吸引力和辐射力。而广西钦防北地区可采取以港口群带动项目群、产业群带动城市群,实现港口群、产业群和城市群的良性互动。

广西北部湾经济区内城市整合可采取以港口建设为龙头，以沿海工业发展为重点，以基础设施建设为保障，以构筑城镇群为依托，以开放创新为动力的发展策略，全面推进经济区的开放开发。其中，尤其要从资源、要素禀赋和已经形成的生产力布局出发，利用泛北部湾区域内尤其是北海、钦州、防城港、玉林和崇左以及其他地区经济发展的互补性和差异性带来的经济梯度，以产业分工、竞争、合作与转移为纽带，以承接东部产业转移、跨国公司生产延伸和产业链条整合为契机，加快生产要素的自由流动和优化配置，促进生产要素的优势互补与整合，锻造与其他城市之间的产业链条。总体来说，广西北部湾经济区内城市整合应坚持集约开发，促进要素集聚，引导人口集中分布，调控产业集群发展，强化土地集约利用，实现人口城镇化、产业基地化和经济规模化。

8.3.3 区域联动发展模式

经济全球化和区域经济一体化已成为世界经济发展的必然趋势。实践证明，任何一个国家和地区的发展，都不可能一直游离于世界经济和区域经济合作之外而独立存在或独立发展，只有加强区域合作，融入世界经济，才能在未来经济大合作中准确定位，从而开辟空间，实现新的发展。区域分工促进了区域经济的增长与发展，提升了区域竞争力。区域经济的发展不仅仅局限在经济区内部，区域之间分工的完善和交换的深化更具有广泛的意义。在我国，区域合作、联动和协调发展成为了一种新的经济发展模式，在国家层面和地区层面上具有越来越重要的意义。在国家层面上，广西北部湾经济区的范围相对狭小，政治、经济、文化等能量非常有限，应该在更大范围内多角度、全方位的对接珠三角、成渝经济区和长株潭城市群等经济区，并与这些经济区通过产业的分工和城镇网络体系的建设实现联动发展。在全球层面，广西北部湾经济区可选择条型产业带与带状城镇群发展路径，逐步从战略高度融入环北部湾经济圈、大湄公河次区域合作、泛北部湾经济合作、中国—东盟自由贸易区和泛东亚经济圈。为实现这一目标，经济区要加快面向东盟的区域性国际枢纽机场的建设，积极协调建设南宁—新加坡陆路国际通道，以沿线南宁、河内、万象、曼谷、吉隆坡和新加坡等重点城市跨境合作为依托，以点带线，以线带面，构建一条强大的经济廊道，促进纵贯泛北部湾的经济走廊的形成，并将其打造成为泛北部湾经济区的主要发展轴线。

通过主动推动区域经济合作和区域联动发展，为广西北部湾经济区更好地利用国内国外两种资源、两个市场提供更有力的支撑，经济区应优先把握和利用贸易投资合作的商机，促进实施"引进来"与"走出去"并进的战略，打造具有国际竞争力的企业集团，增强综合经济实力，发挥作为城市增长极在区域合作中的极化效应和扩散效应。经济区以东盟博览会为契机，积极推进中国—东盟经济园区和中国—东盟商务区的建设，通过商品展销、经贸洽谈、论坛活动和文化交流等方式，推进在技术产业、特色农业、高新技术产业以及现代服务业等领域的合作，加强与东盟各国城市的经济合作与文化交流，为泛北部湾区域合作搭建一个双向互动、合作共赢的平台。广西北部湾经济区积极争取与东盟国家城市建立友好城市关系，加快构建经济区四大城市与东盟各国城市全方位合作的平台，为四大城市与东盟各国城市的联系交流提供纽带，推动利益共享机制的逐步建立。经济区选择条型产业带与带状城镇群的发展模式，采取逐步逐级推进的战略，将发展框架定位为带状城镇群—广西北部湾经济区—环北部湾经济圈—泛北部湾经济圈—"中国—东盟"自由贸易区—泛东亚经济圈，以开放合作的积极态度，逐步从战略高度融入环北部湾经济圈区域合作和泛北部湾区域合作，提升广西北部湾经济区发展的空间优势。

8.4 广西北部湾经济区产业布局与城市建设

广西北部湾经济区以科学发展观为指导，统筹规划、重点突出、有分有合，以生态环境容量和资源承载能力为依据，充分利用各种优势，以产业突破带动城市发展，正确规划城市体系，合理布局支撑产业。

8.4.1 十大产业集群布局

波特认为,产业集群对新企业的加入和企业成长有着重要的影响。产业集群的培育能够改善创新的条件,加速生产率的提高。产业集群形成以后,不仅可以吸引投资,促进新企业在本地繁殖、成长,而且可以营造外部规模经济和范围经济,深化专业分工,降低交易成本,进而增强企业的竞争力,强化集群所在区域的竞争优势。广西北部湾经济区应重点培育和发展十大产业集群,即加工贸易产业、造船业、铝业加工业、高新技术产业、现代中药产业、石化产业、林浆纸一体化产业、农业机械产业、钢铁产业、食品加工产业等十大产业集群。

在空间布局上,本书提出如下建议:

(1)南宁市,建议以铝业加工业、高新技术产业、现代中药产业发展为核心引致产业聚集,形成大型产业群:① 发展铝材加工产业群。利用电解铝原料优势,建立技术开发、产品开发体系,形成高技术含量的铝材深加工产业集群。② 发展高新技术产业群。发挥资源优势,立足现有基础,加大科技创新力度,建设创新要素平台,利用广西北部湾经济区的政策环境,建立具有西部地区特色的高新技术产业集群。③ 发展现代中药产业群。根据气候、土壤、地域环境和中药材生长及分布的特点,以制药企业为主体,以南宁为中心,建设广西大宗地方性稀缺濒危药用动植物良种繁育基地;突出广西资源优势,围绕咽喉类、妇科类、清热解毒类、骨伤科类、心血管类、抗癌类及抗病毒类等方面,进行系列开发。

(2)北海市,建议以造船业、加工贸易产业、高技术产业发展为核心引致产业聚集,形成大型产业群:① 建立船舶修造产业群。利用北部湾沿海新区地处西南出海口通道和通往东南亚主航道的有利位置,发挥已具备一定基础的造船关联产业优势,抓住我国船舶工业加速发展和重新布局的有利时机,创造条件,争取国家支持,引进船舶制造大项目,形成船舶修造产业集群。② 建立加工贸易产业群,承接东、南部发达地区(如香港和台湾)加工贸易产业转移。③ 建立以生物产业和信息产业为重点的高新技术产业群。依托北海高新技术产业开发区、市工业园区、海城区工业园,发展电子信息、生物制药、海洋生物深加工等高新技术产业，重点建设我国最大的生物产业基地。

（3）钦州市，建议以石化产业、中档林浆纸一体化产业、农业机械产业发展为核心引致产业聚集，形成大型产业群：① 建立石化产业群。加快建设钦州进口原油加工项目，以 1500 万吨苏丹原油项目为产业源头，生产聚丙烯、苯、二甲苯、丙烷等化学原料，并提高其附加值，形成石化产业集群。② 建立林浆纸一体化产业群。落实金桂纸业公司投资建设 30 万吨纸浆、90 万吨文化用纸及其他纸制品项目。③ 建立农业机械产业群。发挥广西北部湾经济区政策、体制优势，以现有产品优势为基础，加强产品开发，优化产业组织，在钦州建立我国热带、亚热带专用农业机械的研发、生产、出口基地。

（4）防城港市，建议以钢铁产业、粮油加工产业发展为核心引致产业聚集，形成大型产业群：① 钢铁产业群。加快千万吨级钢铁基地项目建设的前期工作，利用沿海便于原材料和能源进口的优势，在防城港企沙建设千万吨级大型钢铁基地。② 粮油加工产业群。扩大粮油加工产业的生产规模，引导企业延伸加工深度，生产高附加值精制食用植物油、饲料蛋白等。

综合来说，在选择广西北部湾经济区工业发展的方向、重点、布局等方面，要从服务于西南地区扩大开放、服务于加强我国与东盟国家经济关联、服务于带动西南地区经济发展的大局出发，谋划大手笔，组织大动作。要以强化开发创新为动力，以建设临港工业、高新技术产业、特色产业基地为内容，加强统一规划引导，争取更大支持，促进资源整合，健全城市功能，建立专业化分工协作机制，全力推进，总量突破，实现广西北部湾经济区工业的跨越式发展。

8.4.2　三大港口产业布局

港口的建设与发展对于广西北部湾的经济发展具有长远的战略价值。从全球来看，海洋经济一直是经济发展的重要形式，而发展海洋经济，就需要拥有一批基础设施优良、吞吐能力强的全球性和区域性的港口。随着国内工业化、城镇化的发展，我国对进口能源资源的依赖度将继续保持较高水平。因此，港口已经成为经济区对外合作的"咽喉要道"，其作用不言而喻。广西北部湾经济区是经济欠发达地区，其重要的竞争优势就在于拥有北海、防城港、钦州港三个港口，对带动本区域的经济社会发展意义重大。因此，广西北部湾经济区应努力实现三港资源整合为一，互动合作，正确定位，合理布局各港产业发展。

1. 防城港

防城港是广西沿海港口的龙头，是我国沿海主要港口之一和综合运输体系的重要枢纽，是我国西南地区实施西部大开发战略和连接国际市场、发展外向型经济的重要支撑，是西南地区出海大通道的重要口岸。防城港的发展应以大宗散货运输为主，加快发展集装箱运输，逐步成为多功能、现代化的综合性港口。据其优良的港口条件，重点发展需要巨轮、深水港、运量大的散装货运。防城港的临港工业以钢铁工业为主，形成以钢铁为核心的产业集群。

2. 钦州港

钦州港域是以临港工业开发和保税物流服务为主的地区性重要港口。当前，东部沿海地区受各种因素的影响，成本上升，部分加工贸易产业尤其是劳动密集型产业开始向中西部地区转移。钦州凭借其区位优势和保税港的政策优势，应积极参与产业分工与合作，承接东部加工贸易产业转移，大力发展加工贸易产业。钦州近期应依托临港工业开发和港区保税功能拓展，形成以能源、原材料等大宗物资和集装箱运输为主的规模化、集约化港区，远期将发展成为集装箱干线港，成为广西重化工业产业带的重要支撑，将服务于西南地区对国际国内两个市场、两种资源的利用。

3. 北海

北海港是以商贸和旅游服务、临港工业、主集装箱货运为主的地区性重要港口。北海近期重点发展现代物流，形成以商贸和清洁型物资运输为主的集约化程度较高的综合性港口，远期将发展成为内外贸物资运输结合，商贸、旅游及工业开发并重的多功能综合性港口。在工业发展方面，北海将形成以林浆纸一体化、农产品加工、生物制药等临港制造业产业集群，发展以高新技术为主导的临港工业。

8.4.3 以产业为支撑的城市体系建设

城市体系是区域经济发展的火车头。要推进广西北部湾经济区的发展，当务之急是要建立以产业为支撑的城镇体系，以大城市为重点，全面提高城镇化水平，加强中心城市群的带动作用，扬起区域经济发展的龙头。按照走新型工业化道路的要求，建设广西北部湾经济区城市体系，要突出发展大中城市，集约发展县城和小城镇，培育形成城市群和城市带。根据经济、地理、交通、资源等方面的状况，北部湾经济区中心城镇将按三个等级发展，有序推进经济区城市体系健康发展。

1. 一级城镇建设区

一级城镇建设区主要指南宁市。南宁市作为广西壮族自治区的首府，在政治、经济、文化、科技、教育、商业、通信、卫生、金融等方面具有得天独厚的优势，是经济区的核心城市和两个特大城市之一，对西南地区的辐射能量也超过广西其他城市。南宁作为一级城镇建设区，要遵循大城市超先增长的世界城市化规律，突出"绿城"品牌，发挥自治区首府优势，加快构建与东盟合作交流的平台，努力建成区域性国际化城市。南宁的城市发展要形成以邕江为轴线的西建东扩、完善江北、提升江南、重点向南的空间布局，同时加快建设五象新区，要以主城区为核心，提升南宁经济与产业的扩散、辐射能力，提高周边区县产业承接能力；中心城区重点向东、向南发展，通过新区和郊区卫星城建设，疏解中心城区人口和部分功能，并为区域性新功能、新经济发展创造条件。此外，南宁应在南部预留建设新机场和空港城的可能，控制协调好六景地区的建设发展，并在远期将其纳入都市区中心体系重点建设。城市发展应以"城乡一体化"为目标，构筑大都市区半小时通勤交通网络，促进城乡融合，为南宁的健康发展打下基础。南宁的城市建设要继续优化内部结构，完善基础设施，增强区位优势,强化综合功能,大力发展高新技术产业和服务业,逐步向高科技、多功能、强辐射的现代化大都市迈进,力争成为全区城镇化的样板、区域经济的核心增长极,成为在全国有影响力的城市,成为广西率先实现富裕文明、全面建设小康社会目标的排头兵。"十一五"期间,南宁的城市空间主要往东和向南跨江拓展,通过布局文化、体育、商贸等重大公共设施及房地产开发的拉动,力争建成50~70平方千米的新区。

2. 二级城镇建设区

二级城镇建设区包括北海、钦州、防城港三个城市,是北部湾城市群沿海中心城市。

(1)北海市区。北海的城市发展重点向东向北推进,铁山港区应作为城市功能区布局建设,统筹北海城区与合浦县城、铁山港区基础设施建设。同时,促进北海与合浦县城发展逐步融合,形成分工合作,共同承担北海的中心职能。在工业发展方面,北海以铁山港工业区为主。此外,以北海港和铁山港为纽带,带动北海市和玉林南部小城镇发展。在生态发展方面,北海应协调好银滩等旅游岸线的保护与利用关系,严格保护好河口出海地区和自然岸线生态环境,努力建成具有良好生态环境、经济文化发达的全国著名南亚热带滨海旅游城市和华南及大西南重要工业、商贸港口城市。"十一五"期间,北海的城市发展方向主要是冯家江新区、铁山港临海工业园区、合浦平头岭工业区。其中,冯家江新区包括行政中心区、艺术中心、会展中心、体育中心、大学经济园区、基础教育示范基地、民办教育基地;铁山港临海工业园区则以建设大工业、大港口、大物流基地为目标;而平头岭工业区则主要布局高新技术产业和环保型加工制造业。

(2)钦州和防城港市区。这两个区域的重点是促进钦州和防城港联合发展,共同构筑联合型都市区。通过一体化规划,进一步实施防城港的港城分离,加快钦州新区发展。同时,应积极促进防城港城市建设东进,与钦州市南进发展相协调,形成分工有序、具有一定规模和国际水准的滨海商贸、生产组织、生活服务和行政管理中心。钦州和防城港市区应联合发展港口及临港重工业,提高城市的工业化水平,增加产业链条向内地延伸,培育中心城市的辐射和带动功能，推动沿海增长极早日形成。

（3）钦州市。"十一五"期间，钦州应充分发挥滨海优势，建成具有良好生态环境、以重化工业为主的临海工业港口城市。钦州的城市应积极向沿海发展，重点要向东、向南拓展，重点建设钦州主城区、钦州港区和三娘湾滨海区。至"十一五"期末，钦州将形成30平方千米的新区，建成区常住人口将达50万~60万，城市建成区建设用地面积应控制在120平方千米以内。

（4）防城港市。防城港应积极完善港口设施和配套功能，建成环境优美的海港城市。防城港城市发展主要向北、向东、向金沙拓展，以优化城市新中心区及往公车和金沙方向拓展工业用地为主。通过加快行政中心区的建设，确立防城港市的城市发展形态，优化工业布局的空间战略格局，发展公车工业区和金沙工业区，拓展产业发展空间，带动产业结构升级，增强产业的聚集与规模效益。

3. 三级城镇建设区

三级城镇建设区指东兴市区以及宾阳、横县、武鸣、灵山、浦北、上思、上林、马山、隆安等县城。三级城镇的建设要加强规划指导，因地制宜发展一批工矿型、商贸型、旅游型、农业产业化型等各具特色的小城镇，逐步配套基础设施、公共设施，增加对农村的服务功能。东兴位于中越边境，和越南陆上相接、海上相邻，通过中越边境贸易可获得进一步发展。对于东兴市的城市建设，应按照中等城市规模规划建设，依托边境贸易、加工和旅游等产业发展，促进城市发展。2020年，东兴城市建成区人口将发展到18万~20万，城市建成区建设用地控制在20平方千米以内，其城市发展主要向东拓展。宾阳、横县、武鸣、灵山等四个县城按照中等城市规模规划建设，依托特色优势产业，促进城市建设。到2020年，宾阳县县城人口将发展到40万，建成区面积控制在50平方千米以内；横县县城人口将发展到25万，建成区面积控制在30平方千米以内；武鸣县县城人口将发展到20万，建成区面积控制在22平方千米以内；灵山县县城人口将发展到35万，建成区面积控制在40平方千米以内。除此之外，至2000年，浦北、上思、上林、马山、隆安等县城人口将发展到 5 万～12 万，建成区面积控制在 15 平方千米以内。

8.5　广西北部湾产业空间结构调整措施

1. 加强基础设施建设，增强硬件保障能力

地方政府应该积极加大城市公共基础设施建设力度，加快基础设施建设和结构调整步伐，进一步增强基础设施对城市发展的保障能力，提高基础设施的服务水平。

（1）增强能源、水源、粮食安全保障水平，通过加强电源、电网和城市天然气利用工程的建设，进一步健全资源能源保障体系。同时，合理开发利用水资源，加快能源建设，优化能源结构，加快石油、煤炭资源勘探开发进度，大力推进风电、地方水电等清洁能源建设，积极开展核电前期工作。

（2）加快交通基础设施建设，积极推进机场、港口、航道工程、轨道交通网、城市道路网、一线口岸等重大交通基础设施的建设，进一步改善综合交通运输网络状况。同时，积极提升对外客货运吞吐能力，改善路网空间布局，加强城市对外通道的建设。此外，还要强力推进轨道交通建设，构建起立体化的轨道交通体系。

（3）加快教科文卫体等社会事业项目建设进程，这其中包括积极推进基础教育和高等教育硬件设施建设，满足基础教育和高等教育需求，加大科研机构项目建设的扶持力度。

2. 加强统一规划，促进城市群协同发展

城市群内各个城市的协调发展对于推动整个区域的快速健康发展相当重要，如果区域发展不协调，极有可能影响到该区域的可持续发展。广西北部湾经济区除南宁以外，城市规模均过小，区域凝聚力不是很强。因此，要合理规划，充分利用后发优势，积极调整产业结构，避免产业结构趋同

以及重复投资和建设,同时,制订相关产业政策和区域政策,加快第三产业、临海工业和海洋产业的发展,壮大城市规模,发挥城市聚集效应和辐射功能。产业发展与布局要围绕其港口优势,重点发展港口运输、贸易服务、临海工业和海洋产业:以北部湾丰富的油气资源为基础,发展石油化工、电力、冶金、制糖、建材等化工业;利用海洋资源开展海洋油气资源开发,发展以海水养殖、海产品加工、滨海旅游等为内容的海洋产业。广西北部湾经济区应依托区内的重要城市,合理布局生产力[64],积极推动经济区内各城市之间的良性互动,大力发展北钦防地区,尽量使之与南宁的城市综合实力相匹配,实现区域的协调均衡发展。

3. 扩大对外开放,加强区域经济合作

国际国内经济合作能有效克服资金缺口,进而解决高级生产要素严重短缺问题。外部要素与内部机制结合,将激发新型工业化建设的巨大能量。从世界范围来看,绝大多数国家和地区都很少全部具备自然、资金、技术、人才等所有资源优势,而往往只是拥有其中一种或两种资源优势,通过吸引其他资源进行空间组合,从而形成现实的生产力。日本及"亚洲四小龙"的经济奇迹可以认为是外部要素与内部机制结合的成果。目前国际国内有许多游资寻求更高收益的投入,发达国家将大规模地向中国进行重化工业技术转移。以船舶修造业为例,大型造船企业正逐步从日本、韩国等地向中国转移,泛北部湾合作背景下的广西北部湾经济区,有望成为船舶修造业主要的转移目的地。另一方面,我国沿海地区正向西部地区进行产业转移,只要创造良好的投资环境,外来资金的投入往往伴随先进技术的采用及先进管理方法的运用纷至沓来。因此,通过国际国内经济合作就能有效克服高级生产要素短缺问题。在国际国内经济合作的过程中,广西北部湾经济区应加强与国内外著名企业的合作,以资源换技术,借壳上市,进入资本市场融资,扩大对外开放开发领域,加快区域经济合作步伐。

4. 完善激励机制,吸引和培养紧缺人才

为了推动南北钦防城市群的快速发展,吸引和培养紧缺人才势在必行。由于广西北部湾经济区的经济发展水平相对落后,同时地处西南地区,要想吸引外部优秀的人才，完善的激励机制是重要的条件之一。要为优秀人才解决后顾之忧，为其发展提供广阔的舞台，还要不断提供奖励措施，为其提供优厚的条件，激励区域内的人才积极投入到发展广西北部湾经济区的工作中去，为广西北部湾经济区的建设做出贡献。

5. 加快转变政府职能，创造良好投资和发展环境

广西北部湾经济区主管部门应加快转变政府职能，建设快捷、高效政府，按照有所为有所不为的原则，加快推进政企、政事分开，切实把政府的管理职能转变到创造良好经济发展环境和为市场主体服务上来。

（1）按照精简、统一、高效的原则，深化政府机构改革，改进管理方式，推行电子政务，提高行政效率，降低行政成本。

（2）完善宏观调控机制和方式，发挥市场配置资源的基础作用，健全市场监管体系，保持经济平稳较快发展，确立企业的投资主体地位。

（3）加强政府的社会管理和公共服务职能，完善社会政策，着力解决人民群众反映强烈的教育、医疗、就业、社会保障及收入分配等方面的问题，切实为群众办实事，维护社会公平正义与和谐稳定。

（4）建立制约政府行为的有效机制，全面推进依法行政，加强民主监督、行政监督和社会舆论监督，防止滥用权力，坚决惩治官商勾结、商业贿赂等腐败行为，塑造政府良好形象，提高政府公信力。

9 主要研究结论与展望

本书以"广西北部湾经济区产业空间结构研究"为题,在对区域产业空间结构相关理论系统梳理与深化的基础上,对广西北部湾经济区产业空间结构的现状进行深入探讨,并用定量分析的方法对广西北部湾经济区产业结构进行实证研究,以找到产业空间结构存在的问题,作出综合评价。结合广西北部湾经济区的实际情况,本书探索了经济区产业空间结构形成与演变机理,对其空间结构作出综合评价,并在此基础上提出经济区产业空间结构重组优化的对策建议。

9.1 主要研究结论

在上述研究思路指导下,经过理论建构与实证分析,本书针对广西北部湾经济区产业空间结构的研究得出以下主要结论:

(1)产业空间结构是区域内各种投入在空间形态下形成的综合物质实体,是产业结构与空间结构相结合,形成的一个相互联系的有机系统,它具有区域性、整体性、阶段性、延续性的特征。节点、轴线、域面是区域经济空间结构不可或缺的三大要素,区域空间结构优化重组的目标就是要通过资源的合理配置,使经济空间达到最佳运行效果。

(2)区域产业空间结构的理论基础主要涉及区位理论、区域分工与合作理论、区域产业空间组织理论。区位论主要从微观角度来研究人类经济活动在空间上的最优选择和组合。区域分工与合作理论是从成本和要素禀赋的差异、技术水平的改变、规模报酬递增的角度来解释地区之间产业分工与合作,形成不同的产业空间结构。产业空间组织理论则是要分析区域产业空间结构形成的实施过程，其实质是产业布局理论。

（3）区域产业空间结构形成与演变机理就是区域内外部各种力量相互作用的因素在空间上的反映，而空间结构则是各种力量所产生的合力的结果。其机理主要包括集聚与扩散、区位自然因素、产业结构演变、基础设施以及政府宏观调控，以上各种机制主要从产业运动和区际协调发展两个方面推动区域经济空间结构的形成与演变，达到空间结构合理化与高级化的目标。

（4）2006年，随着广西北部湾经济区的成立，广西北部湾经济区产业空间结构在总体上呈现出与经济发展水平相适应的特征。广西北部湾经济区内产业园区初具规模，空间集聚逐步形成。而存在的主要问题有：城市化体系不合理，城市间无序竞争，港口功能定位不明确，人才资源与产业发展错位，产业层次低，高科技产业薄弱，工业结构性问题突出，存在产业结构虚高度化现象等。

（5）广西北部湾经济区是环北部湾经济圈的重要组成部分，是西部唯一的沿海区域，与东盟国家既有海上通道，又有陆上通道，战略地位显著。广西北部湾经济区内自然资源丰富、交通发达、经济腹地广阔，具有较优越的经济发展条件。

（6）根据区域产业空间结构形成与演变机理，广西北部湾经济区产业空间结构形成的因素包括区位特点、资源禀赋、产业园区化、东部产业转移、交通运输网络、信息化网络、西部大开发新的战略以及各地政府的联动与合作等，这些因素综合作用促进产业空间结构逐步向合理化、高级化转变。

（7）广西北部湾经济区的战略定位是立足北部湾、服务"三南"（华南、西南、中南）、沟通东中西、面向东南亚，充分发挥连接多区域的重要通道、交流桥梁和合作平台的作用，努力建成中国—东盟开放合作的物流基地、商贸基地、加工制造业基地和信息交流中心，即"三基地一中心"。

（8）根据广西北部湾经济区的资源和区位特点，重点发展的产业是石化产业、钢铁产业、林浆纸一体化产业、现代物流、轻工食品加工业、海洋产业、高新技术产业等七大产业，把广西北部湾经济区打造成为广西最具实力的工业区和泛北部湾示范区。

（9）运用点-轴空间组织模式，根据广西北部湾的交通特点和城镇发展状况，提出广西北部湾3条重点建设的经济带，形成类似英语字母"N"型的发展格局。这3条经济带分别是：①凭祥—宁明—崇左—南宁经济带；②南宁—钦州—防城港—北海经济带；③北海—博白—玉林—北流—容县经济带。

9.2 后续研究展望

区域经济空间结构研究是一个复杂的系统工程，尽管本书做了不少努力，但受自身水平和客观条件的制约，本书的研究仍存在许多缺陷与不足，有待进一步深化和完善：

（1）本书仅从宏观上提出了广西北部湾经济区的产业发展重点和布局，但由于缺乏经济区内微观产业（企业）的详细资料，因此微观的产业布局研究有待在今后的学习和工作中进一步加强。

（2）囿于数据的获取，本书仅从定性的角度来描述广西北部湾经济区产业发展与生态环境承载力的适宜性，有待进一步从定量的角度来研究广西北部湾经济区产业空间结构与生态环境承载力之间的适宜性。

（3）广西北部湾经济区重点产业的选择与布局，在实际工作中需要完善相应的配套设施才能落实，而这些工作涉及到多方的协调与配合，实施过程还有大量的工作要做。

（4）因广西北部湾经济区成立不久，相关的统计数据很不全面（如各县的工业企业数据、农业数据在统计年鉴和公报中很难找到），大大制约了本书对广西北部湾经济区空间分工详细状况的分析，有待在今后的工作中通过典型企业走访、问卷调查等方法来获得各县代表企业的可靠数据，以便进一步深入研究。

参考文献

[1] 冯芸，吴冲锋. 经济全球化测度理论[M]. 上海：上海交通大学出版社，2005.

[2] 董云鹏. 经济全球化下的中国产业结构优化分析[J]. 河北学刊，2003（5）：60-63.

[3] BRYSON JOHN, NICK HENRY, DAVID KEEBLE, ET AL. The Economic Geography Reader, Producing and Consuming Global Capitalism[M]. Chichedter: Wiley & Sons Ltd, 1996.

[4] 马丽，刘毅. 经济全球化下的区域经济空间结构演化研究评述[J]. 地理科学进展，2003，18（2）：270-274.

[5] 杜能. 孤立国同农业和国民经济的关系[M]. 北京：商务印书馆，1997.

[6] 樊杰. 从经济地理学角度对区域经济学理论体系的理解[J]. 地理研究，1997，16（1）：39-45.

[7] 李小建. 经济地理学[M]. 北京：高等教育出版社，1999.

[8] 陆大道. 区位论及区域研究方法[M]. 北京：科学出版社，1988：92-93.

[9] 陆大道. 区域发展与空间结构[M]. 北京：科学出版社，1995：99.

[10] 艾萨德. 区域科学导论[M]. 北京：高等教育出版社，1991.

[11] 高洪深. 区域经济学[M]. 北京：人民出版社，2002.

[12] 谭崇台. 发展经济学[M]. 北京：人民出版社，1995.

[13] FRIEDMANN J. Regional Development Policy: A Case Study of Venezuela[M]. Cambridge: The M. I. T Press, 1966.

[14] 沈志渔，罗仲伟. 经济全球化与中国产业组织调整[M]. 北京：经济管理出版社，2006.

[15] WALZ U. Long-run Effects of Regional Policy in an Economic Union[J]. The Annals of Regional Science, 1996（30）: 165-183.

[16] 胡佛. 区域经济学导论[M]. 郭万清，等，译. 上海：上海远东出版社，1992.

[17] 陈宗兴. 经济活动的空间分析[M]. 西安：陕西人民出版社，1989.

[18] 洪开荣. 空间经济学的理论发展[J]. 经济地理，2002（1）：1-4.

[19] ROMER P M. Idea Gaps and Object Gaps in Economic Development[J]. Journal of Monetary Eeconomics, 1993（32）: 543-573.

[20] 林华生. 东盟经济的地壳变动——面向21世纪的次区域经济圈的形成[M]. 上海：复旦大学出版社，1992.

[21] 陈才. 区域经济地理学[M]. 北京：科学出版社，2001.

[22] 曾菊新. 空间经济：系统与结构[M]. 武汉：武汉出版社，1996.

[23] 赵改栋，赵兰花. 产业—空间结构：区域经济增长的结构因素[J]. 财经科学，2002（2）：112-115.

[24] 陈岩. 国际贸易的区域—产业外部经济决定理论及应用[J]. 南开经济研究，1996（5）：37-42.

[25] 陆大道. 论区域的最佳结构与最佳发展——提出"点-轴系统"和"T"型结构以来的回顾与再分析[J]. 地理学报，2001，56（2）：127-135.

[26] 国务院发展研究中心课题组. 四条横贯东西经济带形成的战略思考[J]. 经济学动态，2003（7）：11-14.

[27] 叶大年. 地理与对称[M]. 上海：上海教育出版社，2000.

[28] 陆玉麒. 区域双核结构模式的形成机理[J]. 地理学报，2002（1）：85-96.

[29] 胡振华，周永文. 产业结构变动对经济增长的影响及测度[J]. 数量经济技术经济研究，1997（4）：18-20.

[30] 钟学义，王丽. 产业结构变动同经济增长的数量关系探讨[J]. 数量经济技术经济研究，1997（5）：22-29.

[31] 姚愉芳. 中国经济增长与可持续发展——理论、模式、应用[M]. 北京：社会科学文献出版社，1998.

[32] 陆大道，薛凤旋. 1997年中国区域发展报告[M]. 北京：商务印书馆，

1997.

[33] 夏征农. 辞海[Z]. 上海：上海辞书出版社，1989.

[34] 聂华林，王成勇. 区域经济学通论[M]. 北京：中国社会科学出版社，2006.

[35] 韦伯. 工业区位论[M]. 北京：商务印书馆，1997.

[36] 斯密. 国民财富的性质和原因的研究[M]. 北京：商务印书馆，1988.

[37] 刘再兴. 区域经济理论与方法[M]. 北京：中国物价出版社，1996.

[38] VERNON R. International investment and international trade in Product[J]. Quarterly Journal of Economics, 1966, 80（2）: 190-207.

[39] 周起业，刘再兴，祝诚，等. 区域经济学[M]. 北京：中国人民大学出版社，1989.

[40] 李小建，苗长虹. 增长极理论分析及选择研究[J]. 地理研究，1993（9）.

[41] 谭崇台. 发展经济学[M]. 山西：山西经济出版社，2001.

[42] 周文. 产业空间集聚理论的发展[J]. 经济科学，1999（6）：96-101.

[43] 胡佛，杰莱塔尼. 区域经济学导论（中译本）[M]. 上海：上海远东出版社，1992.

[44] 张婷，姜石良，杨山. 信息时代城市空间结构的演变趋势探讨[J]. 干旱区资源与环境，2007（1）：37-40.

[45] 覃成林，金学良，冯天才. 区域空间组织原理[M]. 武汉：湖北教育出版社，1996.

[46] HAGERSTRAND T. Innovation Diffusion as a Spatial Process[M]. Chicago: University of Chicago Press, 1953.

[47] 彭震伟. 区域研究与区域规划[M]. 上海：同济大学出版社，1998.

[48] 施祖麟. 区域经济发展：理论与实证[M]. 北京：社会科学出版社，2008.

[49] 王家庭. 国家综合配套改革试验区制度创新的空间扩散机理分析[J]. 南京社会科学，2007（7）：39-44.

[50] 郝寿义，安虎森. 区域经济学[M]. 北京：社会科学出版社，2004.

[51] 江曼琦. 城市空间结构优化的经济分析[M]. 北京：人民出版社，2001.

[52] 广西北部湾经济区规划建设管理委员会.《广西北部湾经济区发展规

划》解读[M]. 南宁：广西人民出版社，2008.

[53] 赵建新. 论区域经济差距的衡量指标与测度方法[J]. 经济地理，1998（3）：20-25.

[54] 郁鸿胜. 崛起之路：城市群发展与制度创新[M]. 长沙：湖南人民出版社，2005.

[55] 杨云彦. 区域经济学[M]. 北京：中国财政经济出版社，2004.

[56] 张萍. 城市经济区学[M]. 北京：改革出版社，1990.

[57] 许学强，周一星，宁越敏. 城市地理学[M]. 北京：高等教育出版社，2003.

[58] 王劲峰. 空间分析[M]. 北京：科学出版社，2006.

[59] GETIS A, ORD J K. The analysis of spatial association by use of distance statistics[J]. Geographical Analysis, 1992（24）：189-206.

[60] 方创琳，祁巍峰. 中国城市群紧凑度的综合测度[J]. 地理学报，2008（10）：1011-1021.

[61] 古小松. 泛北部湾合作发展报告（2009）[M]. 北京：社会科学文献出版社，2009.

[62] 张秀生. 区域经济学[M]. 武汉：武汉大学出版社，2007.

[63] 黄耀东. 如何在开放开发中保护北部湾的生态环境[J]. 经济与社会发展，2008（12）：68-72.

[64] 官锡强. 环北部湾经济圈南北钦防沿海城市群的构建[J]. 广西财经学院学报，2006（1）：98-102.

[65] 朱寿育，彭钊，姚秀元. 广西北部湾经济区产业布局与发展方向研究[J]. 改革与战略，2007（12）：38-41.

[66] 杨兴华. 广西北部湾经济区新型工业化道路探索[J]. 学术论坛，2009（5）：118-122.

[67] 陈修颖. 长江经济带空间结构演化及重组[J]. 地理学报，2007（12）：1265-1276.

[68] 魏后凯. 现代区域经济学[M]. 北京：经济管理出版社，2006.

[69] 蒋斌. 加快广西参与环北部湾经济圈建设的新思路[J]. 学术论坛，2006

（7）：125-129.

[70] 星球地图出版社. 广西壮族自治区地图册[M]. 北京：星球地图出版社，2007.

[71] 方创琳，祁巍峰. 中国城市群紧凑度的综合测度[J]. 地理学报，2008（10）：1011-1021.

[72] 安中轩. 西部开发前后西南地区产业结构与经济增长比较研究——基于偏离份额分析法[J]. 理论与改革，2008（2）：154-157.

[73] 杨吾扬，梁进社. 高等经济地理学[M]. 北京：北京大学出版社，2000.

[74] 王增栋，董维忠. 论港口与城市产业结构一体化[J]. 中国港口，1995（3）：5-6.

[75] 广西北部湾发展研究院. 广西北部湾经济区开放开发报告（2006—2010）[M]. 北京：科学文献出版社，2010.

[76] 万家佩，涂人猛. 试论区域发展的空间结构理论[J]. 江汉论坛，1992（11）：19-24.